L'autre Œdipe

À PROPOS DU MYTHE D'ŒDIPE

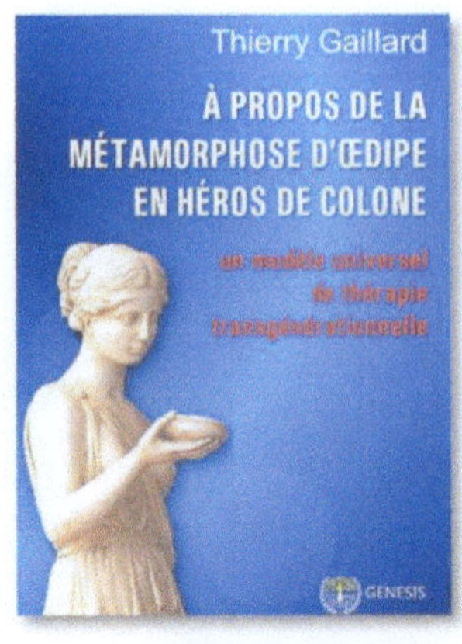

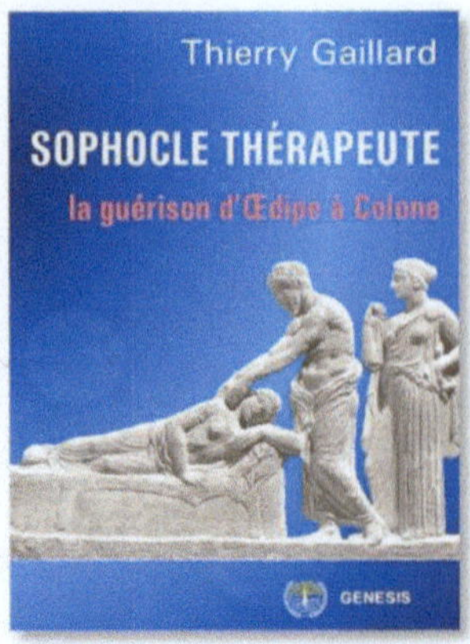

DU MÊME AUTEUR CHEZ GÉNÉSIS ÉDITIONS

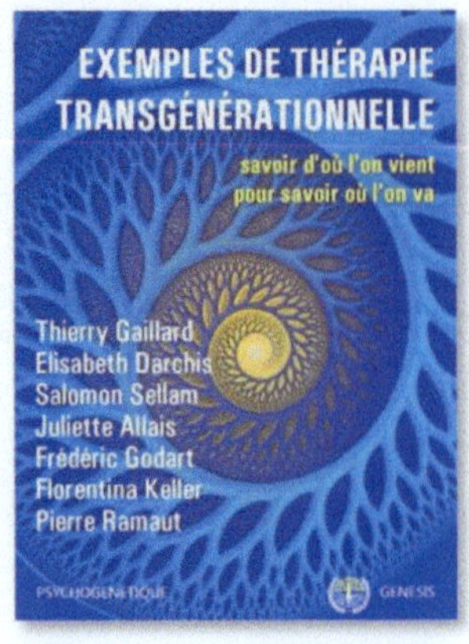

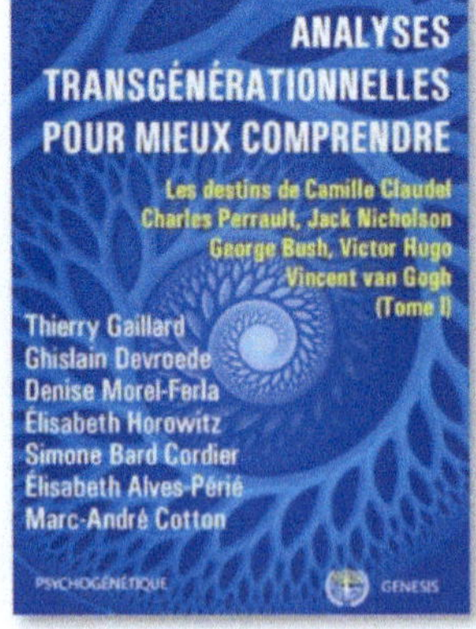

WWW.GENESIS-EDITIONS.COM

Thierry Gaillard

L'autre Œdipe

De Freud à Sophocle

GÉNÉSIS ÉDITIONS

Du même auteur chez Génésis Editions

Sophocle thérapeute, *la guérison d'Œdipe à Colone,* 4ème édition 2020.

Intégrer ses héritages transgénérationnels, *une synthèse des pratiques anciennes et contemporaines, 6ème édition 2020.*

L'intégration transgénérationnelle, *ces histoires qui hantent le présent, 4ème édition 2020.*

À propos de la métamorphose d'Œdipe en héros de Colone, *un modèle universel de thérapie transgénérationnelle, 2020.*

Analyses et perspectives I, *recueil d'articles, 2020.*

En anglais chez Genesis Editions

Transgenerational Healing of Oedipus at Colonus, *Unveiling a Universal Therapeutic Model, 2020.*

Transgenerational Therapy, *Healing the Inherited Burden, 2019.*

Shamanism, Ancestors and Transgenerational Therapy, Contemporary Practices and Universal Wisdom, 2020.

Sophocle en couverture

Génésis Éditions
18, rue De-Candolle, 1205 Genève, Suisse
www.genesis-editions.com
Impression : Bod, Books on Demand, Norderstedt, Allemagne
Distribution francophone : SODIS
Distribution pour la Suisse : BUCHZENTRUM
(2006, première édition, Yvelinédition, *Œdipe père)*
2020, cinquième édition modifiée
© 2020, Le visible et l'invisible SARL. Tous droits réservés.
ISBN : 978-2-940540-05-1

Sommaire

Avant-propos

Avec les deux pièces qu'il consacre à Œdipe, Sophocle lègue à la postérité un enseignement qui dépasse toutes les interprétations modernes avancées jusqu'ici. *L'autre Œdipe* en propose une lecture nouvelle, réservant le premier rôle à Sophocle en tant qu'auteur et metteur en scène d'une version originale, toujours incomprise. Cette nouvelle analyse révèle l'usage fait par Sophocle des principes transgénérationnels conduisant à la connaissance de soi, un chemin qui va de Thèbes (*Œdipe-roi*) à Colone (*Œdipe à Colone*). Avec un Œdipe découvrant la vérité sur ses origines, Sophocle répond à la devise delphique : « Connais-toi toi-même ».

Cet essai reprend sous cet angle le message de Sophocle pour l'articuler à l'interprétation freudienne. Même si cette dernière est ici remise en question, il ne s'agit pas pour autant d'une argumentation contre la psychanalyse, mais d'un approfondissement en direction des connaissances plus anciennes. Il importe de tirer un enseignement des limites de l'interprétation de Freud, surtout lorsque l'on comprend que celle-ci reflète une problématique collective plus générale, propre à notre civilisation moderne. Le changement de paradigme dont il est question ressemble au passage de la physique Newtonienne (limitée mais encore valable jusqu'à un certain niveau) à la physique quantique qui relativise et dépasse les précédents critères spatiaux-temporels. Et comme nous le verrons, la prise en compte des principes transgénérationnels permet de dépasser la perspective moderne et son éloignement des lois non écrites et la vie, faussement réduites à des discours religieux qui ne reposeraient que sur un acte de foi gratuit.

Derrière les rapports conflictuels entre philosophes athées et croyants, entre les adeptes de l'une ou de l'autre des religions, des écoles et des cultures, c'est autour d'une intégration des lois non écrites qu'il faudrait, avec Sophocle, mieux comprendre la psyché et son rapport à la vie. Une telle démarche saisit la psyché dans ses fondements les plus archaïques. Comme le génial tragédien nous l'explique avec le cas d'école que constitue sa version du mythe d'Œdipe, à défaut de renouer avec cette dimension symbolique, des lacunes d'intégration se transmettent de générations en générations jusqu'à faire de la problématique œdipienne une norme culturelle.

L'approfondissement dont il est question passera par une analyse des résistances prodigieuses, voir des dénis symptomatiques, qui caractérisent certains héritiers de Freud devant un nombre croissants d'évidences cliniques concernant les phénomènes transgénérationnels (aujourd'hui largement confirmés par les recherches en épigénétique). Par elle-même, cette occultation des phénomènes transgénérationnels témoigne de l'héritage d'un manque dans l'auto-analyse de Freud, concernant précisément ses origines. Nous sommes aujourd'hui mieux outillés pour y palier et développer de nouvelles perspectives prometteuses.

Sophocle nous offre d'articuler la thématique de connaissance de soi à celle du sujet en soi. Le long d'une meilleure pénétration de son message, nombreux sont les thèmes qu'il nous invite à repenser : le discours impersonnel des lois écrites face aux tenant des lois non écrites, les actions de l'homme sur son environnement et son rapport aux lois de la vie, formalisme et perversité institutionnelle, répression sadique ou autorité naturelle, différences et pensée unique, croyances et religions, etc. De façon plus ou moins explicite, ces thèmes sont compris dans cette relecture du mythe d'Œdipe pour reconnaître la part fertile de l'homme, sa position de sujet.

Thierry Gaillard

« Si le fou persévérait dans sa folie,
il rencontrerait la sagesse. »
William Blake

Introduction

Le titre et le sous-titre de cet essai, *L'autre Œdipe, de Freud à Sophocle,* suggèrent un retour aux sources, la possibilité d'une autre vérité qui serait jusqu'ici restée dans l'ombre des apparences, au-delà de ce qui semble acquis. Ainsi, revenir à Sophocle c'est par exemple reconnaître sa fonction d'auteur et chercher à découvrir ses véritables intentions lorsqu'il entreprend de réécrire la légende d'Œdipe. À ce propos, il faut rappeler qu'après *Œdipe-roi,* Sophocle aura écrit une dernière pièce, *Œdipe à Colone,* dont l'heureux dénouement pourrait être difficile à comprendre si l'on en reste à la lecture freudienne du mythe d'Œdipe. En effet, dans le final de cette œuvre testamentaire, le génial tragédien fait d'Œdipe le garant de la prospérité pour Thésée et pour son royaume, un père fertile dont la fonction symbolique respecte certaines lois non écrites, comme si l'équilibre entre le visible et l'invisible était rétabli après une longue période tourmentée.

Cette fonction bienfaitrice qu'Œdipe incarne à la fin de son périple à Colone est essentielle pour comprendre le message de Sophocle. Elle révèle la sagesse de son œuvre, son rapport d'intelligence avec des lois non écrites que nous n'avons jusqu'ici peut-être pas bien comprises. Inspiré par ces principes invisibles qu'il symbolise dans son œuvre, le poète attire notre attention sur le fonctionnement des processus d'aliénation[1] et de guérison transgénérationnels.

En particulier nous verrons comment Sophocle éclaire le rôle de la fonction parentale, celle requise pour donner naissance au sujet chez l'enfant. Une fonction qui fait défaut à Laïos et à Jocaste, lesquels ne sauraient engendrer qu'un être incestueux et parricide, c'est-à-dire non encore né en tant que sujet. Car en effet, ce ne sera qu'à la condition de renaître en tant que sujet qu'Œdipe deviendra le garant de la prospérité et qu'il incarnera une sorte de père bienfaiteur pour Thésée et pour son royaume, capable de donner ce qui lui avait si cruellement fait défaut à sa naissance.

Partant d'une position symptomatique, frère de ses enfants et fils de son épouse, à Colone Œdipe symbolisera l'idéal paternel, garant de la prospérité. Suivre son destin en tenant compte des questions de filiation et des héritages transgénérationnels permettra d'appréhender plus globalement la complexité du mythe et sa signification profonde. Cette approche nous sensibilisera au défaut d'intégration de nos origines, aux symptômes engendrés par les lacunes symboliques parentales, transgénérationnelles et culturelles. Parce qu'il est lui-même aliéné par ses héritages transgénérationnels Laïos est incapable d'interpréter la signification symbolique des paroles de l'oracle qu'il prend au pied de la lettre. Ainsi, avant même de naître, les dieux prédiraient à son fils un destin des plus tragiques, comme s'il en serait mal-aimé. Héritier des aliénations de ses parents, Œdipe devra renaître pour s'en émanciper et advenir en tant que sujet. Avec un père infanticide et des dieux apparemment hostiles, pour Œdipe, survivre signifiera renaître.

Comprendre la signification symbolique et traditionnelle du destin d'Œdipe suppose de mieux cerner le travail d'auteur de Sophocle. Il s'agira notamment de montrer qu'en reprenant

---

[1] Voir le glossaire pour une définition du mot *aliénation*.

l'histoire d'Œdipe Sophocle trouve une occasion d'appliquer certaines lois non écrites qu'il avait faites siennes. Fidèle aux anciennes sagesses, il nous les enseigne à la manière des grands tragédiens, philosophes avant l'heure, guides de la conscience collective, jouant ainsi le rôle d'intermédiaires entre les réalités visibles et invisibles. À l'aube de la nouvelle démocratie et en pleine transition historique du *mythos* au *logos* philosophique, Sophocle y va de son message quant au risque de perdre de vue ce sujet adulte que les anciennes initiations faisait advenir.

Nous verrons de quelle manière Sophocle aura utilisé ses connaissances des lois transgénérationnelles pour doter son œuvre d'une architecture parfaitement cohérente, même si elle semble invisible aux yeux des profanes. L'œuvre intègre et humanise un rapport à des réalités profondes qui généralement échappent à la conscience. L'apprentissage de ces lois non écrites mobilise le sujet en soi. C'est lui qui pourra réécrire ce « passé non passé » qui conditionne le présent. Ici c'est la peste qui renvoie aux histoires non terminées des aïeux ainsi qu'à l'histoire thébaine non intégrée. Avec la peste, Œdipe rencontrera le point d'orgue d'un rapport symptomatique au monde, dont l'intégration le conduira à la connaissance de lui-même.

Avec son Œdipe, Sophocle nous offre un modèle universel de guérison transgénérationnelle. Il porte autant sur les conséquences d'héritages aliénants que sur le processus d'émancipation de ces mêmes héritages. En effet, dans la première partie, il raconte comment et pourquoi le roi Œdipe perd son trône. Mais s'il meurt à sa vie de roi de Thèbes c'est pour renaître en tant que sujet à Colone. Cette renaissance permettra à Œdipe de faire le deuil d'une première existence aliénée, de s'acquitter des dettes de ses ancêtres et intégrer ses héritages transgénérationnels. Dans sa seconde pièce, *Œdipe à Colone*, Sophocle raconte de quelle manière Œdipe, en tant que sujet, deviendra un héros bienfaiteur à Colone. Georges Méautis aussi insiste sur la transformation du héros chez Sophocle.

Selon lui, « les exploits ne sont pas ce qui intéresse le poète tragique, mais bien les souffrances de ce héros et, nous dit Sophocle, ces souffrances sont causées par sa nature, sa *physis*. Il faut que celle-ci soit broyée, anéantie pour que l'homme supérieur ressuscite, en quelques sortes, dans une sphère plus haute, qu'il renaisse à l'existence de héros. Alors, alors seulement, de son tombeau s'échapperont ces influences mystérieuses, maléfiques ou bénéfiques qui en feront un objet de crainte ou de vénération. »[2]

Ce nouvel Œdipe-sujet a pu intégrer sa préhistoire et faire de cette réappropriation de ses origines une source de bienfaits pour ses hôtes. Après avoir connu l'enfer, de Thèbes à Colone, transfiguré, le héros revient sur le devant de la scène pour entrer dans la légende. Si cette relecture du mythe tranche avec l'interprétation freudienne, la transformation d'Œdipe dont il est question ne constitue pour autant pas une nouveauté.

La thématique de la transformation de la personne, ou de sa renaissance, est omniprésente dans les plus anciennes traditions et se retrouve aujourd'hui dans les courants de pensées orientés vers la connaissance de soi et dans certaines écoles thérapeutiques. Ce thème est au centre des « mystères d'Éleusis » qui se déroulent non loin d'Athènes, célébrant précisément les renaissances et le miracle des cycles de la vie. Très présent dans la vie des Athéniens, le culte de Déméter à Éleusis assurait la prospérité des cultures. Comme nous le verrons, entre la peste, au début d'*Œdipe-roi*, et la garantie de prospérité, à la fin d'*Œdipe à Colone*, ce thème est repris par Sophocle dans sa version du mythe.

---

[2] Georges Méautis (1957), *Sophocle, essai sur le héros tragique*, Albin Michel, Paris, pp.11-12.

À cette époque, la thématique des héritages transgénérationnels[3] était aussi bien connue. Du reste les membres d'un groupe, d'une famille, s'identifiaient à travers leurs appartenances et par les liens du sang qui soudaient les générations entre elles. Ce n'est que progressivement que la notion d'individualité s'est imposée, offrant l'illusion d'une autonomie, chose que Freud lui-même n'aura pas manqué de relativiser cette indépendance en pointant l'existence de l'inconscient : « l'homme n'est pas maître dans sa maison ». Plusieurs auteurs ont repéré dans d'anciens textes et dans la bible la présence d'un tel savoir, où chacun est identifié à sa filiation ou à son lieu d'origine. Dans l'*Iliade*[4] Homère aussi témoigne du respect des lois transgénérationnelles. Sur le champ de bataille pendant la guerre de Troie, Glaucos qui combat pour les Troyens, rencontre Diomède, un ennemi grec. Mais, s'étant présenté l'un l'autre leur généalogie, les deux hommes découvrent que le grand-père de Diomède, Oinée, a un jour offert l'hospitalité au grand-père de Glaucos, Bellérophon. Ainsi liés par les bonnes relations de leurs grands-pères respectifs, Glaucos et Diomède ne s'affrontent pas mais, au contraire, échangent leurs armes en signe de respect mutuel.

En suivant Sophocle et son œuvre, nous prolongerons l'analyse de Freud pour entrer dans la dimension symbolique du mythe. Reconnaître le sujet au sein même de l'Œdipe, c'est-à-dire, l'auteur et le poète, Sophocle en l'occurrence, nous évite de passer du registre individuel au collectif sans perdre de vue le sujet en soi, même aliéné par les normes culturelles. Car, nous le verrons, Freud perd le fil d'un rapport au sujet singulier lorsqu'il reprend le discours collectif moderne qui voit un même Œdipe en chacun au lieu de voir ce que chacun ferait de son

---

3 Voir mes livres, *L'intégration transgénérationnelle, ces histoires qui hantent le présent*, Génésis Éditions, Genève et, *Sophocle thérapeute, la guérison d'Œdipe à Colone*, Génésis Éditions, Genève.
4 Homère, *L'Iliade*, Chant VI, v.119 et s.

Œdipe. Voilà pourquoi il importe au contraire de ne pas perdre de vue l'apport du poète - à titre de sujet - et sa réécriture de l'histoire œdipienne. Offrons notre écoute à Sophocle et à la symbolique de son œuvre nous parlant des origines et du transgénérationnel. Il importe en effet de ne pas céder au refoulement collectif des origines, pour, au contraire, ne pas nous couper de nos racines et pour suivre Sophocle au-delà du drame que traverse Œdipe à la fin d'*Œdipe roi*. Cette perspective gagne en pertinence lorsque nous intégrons à notre analyse la pièce qui fait suite à *Œdipe roi* : *Œdipe à Colone*. D'autant plus que, comme nous le verrons, cette seconde pièce, produite quinze années après la première, témoigne de l'intégration par Sophocle de son « Œdipe ».

À l'instar de ce que Sophocle aura su réaliser, je propose de reconnaître dans cet art à symboliser les lois non écrites le travail du sujet en soi. Reconnaître le sujet derrière ses aliénations est essentiel. Car, nous le verrons, c'est lui et lui seul qui peut prétendre parvenir à intégrer les héritages transgénérationnels. Avec la peste et la fécondité comme thématique principale, Sophocle démontre sa maîtrise des lois transgénérationnelles. À la façon de symboliser des artistes, il oppose à la généralisation du refoulement des pulsions œdipiennes un savoir traditionnel, plus ancien, celui de leur intégration par le biais d'une renaissance. Reconnaître chez Sophocle, non pas tant la manifestation de son propre complexe d'Œdipe, mais plutôt son travail d'intégration de ce qui se joue derrière les apparences, voilà comment nous engager dans une toute autre perspective, au-delà de l'interprétation moderne du mythe d'Œdipe dont Freud s'est fait le bon élève.

Ce livre analyse les origines de la projection moderne qui nous empêche de véritablement saisir le sens de l'œuvre de Sophocle. Dans cette perspective, la remise en cause de l'interprétation freudienne est avant tout une critique de la pensée moderne[5]. Celle-ci en effet passe à côté de l'enseignement de Sophocle, notamment en ce qui concerne l'importance des héritages transgénérationnels et de leurs conséquences aliénantes, c'est-à-dire la malédiction familiale qui s'acharne sur la lignée des Labdacides que j'analyserai dans le deuxième chapitre. La relecture du mythe sous l'angle transgénérationnel nous permettra de mieux comprendre le propos de Sophocle et sa totale maîtrise du sujet qu'il traite. La découverte de cette trame transgénérationnelle dans l'œuvre de Sophocle nous permettra de renverser l'argumentation. Au lieu de croire que son œuvre ne fait que refléter son propre complexe œdipien inconscient, nous découvrons que c'est Sophocle qui nous avait laissé un enseignement sur les principes transgénérationnels qui nous avaient, jusqu'à aujourd'hui, totalement échappés, parce que nous sommes nous-même aliénés par la problématique moderne d'un refoulement et méconnaissance des héritages transgénérationnels. En d'autres termes, au lieu d'incarner un principe universel comme le croyait Freud, le complexe d'Œdipe apparaît comme le symptôme d'une aliénation plus fondamentale, culturelle et moderne, se rapportant aux héritages transgénérationnels inconscients.

Analyser l'erreur de Freud, typiquement moderne, en une source d'enseignement est un autre des buts de ce livre. Réussir à situer son interprétation dans son contexte historique, et à la lumière d'une lecture plus profonde du mythe, transgénérationnelle, permettra de répondre à quantité de questions restées ouvertes pour des générations de psychanalystes, sans qu'ils ne les aient toujours clairement formulées.

---

[5] Par moderne j'entends la pensée métaphysique, fondée sur un acte de croyance et non pas sur une connaissance qui soit intégrée, opérante – pour une politisation du discours et réduction du réel aux seules réalités sociétales arbitraires. Outre son oubli des liens transgénérationnels, la pensée moderne se caractérise aussi par son dés-enracinement, la perte de son *logos* et de sa libido.

Le prochain chapitre portera sur une meilleure connaissance du sujet en soi et sur les conditions de son avènement. C'est lui qui peut intégrer les héritages transgénérationnels aliénants et réécrire sa propre préhistoire. Cette fonction d'intégration, propre au sujet, offre une alternative au refoulement de l'Œdipe que toute une culture semble prescrire. Derrière le discours moderne refoulant, nous reviendrons sur une langue plus originaire, symbolique, celle des mythes ou le *Mythos*. Pour nous en inspirer, je me référerai à des « pères » de notre culture, hommes de connaissances, artistes et auteurs de façon générale, pour mieux contraster le discours du sujet, plus subjectif, de celui d'une collectivité, impersonnel.

Dans le troisième chapitre nous aborderons l'analyse transgénérationnelle du mythe à proprement parler. Cette relecture nous permettra de revaloriser les connaissances traditionnelles qui sous-tendent l'œuvre de Sophocle. De Thèbes à Colone, le parcours d'Œdipe apparaît autant comme le summum d'une aliénation que comme l'idéal d'une intégration des aliénations transgénérationnelles. Nous verrons ainsi que contrairement à Laïos, Jocaste et Antigone, prisonniers de leurs aliénations, Œdipe va renaître et renouer avec la dimension symbolique fertile de son aïeul Cadmos.

Dans la discussion qui suivra cette relecture, je reviendrai sur la problématique contradictoire freudienne. Comme s'il avait fait sienne l'injonction de Sophocle de ne pas oublier Œdipe, Freud se réfère à la problématique œdipienne. C'est cependant sur le versant de son refoulement et de sa sublimation que Freud cultive son écriture et bâtit sa métapsychologie psychanalytique. Nous verrons dans quelle mesure la perspective transgénérationnelle complète et rectifie ces perspectives. Sans commune mesure avec les rejets dissidents ou l'ainsi soit-il des orthodoxes, une telle perspective replace l'interprétation freudienne du mythe d'Œdipe dans son contexte typiquement moderne.

1

Élargir le cadre de référence

Ainsi que le reconnaît Conrad Stein, « Il ne fait pas de doute qu'en ce qui concerne l'intelligence du texte de Sophocle, Freud parlait à côté, selon l'expression de Jean-Pierre Vernant »[6]. Cette lacune dans l'analyse freudienne d'*Œdipe-roi* soulève la question de la place qu'occupe Sophocle au regard de son œuvre. Aussi pouvons-nous réinterroger l'interprétation freudienne du mythe d'Œdipe en questionnant la position de l'auteur. Il faudrait en effet rendre hommage à Sophocle, comme auteur et sujet dans la production de sa propre version du mythe d'Œdipe et interroger le sens de son génie pour dépasser les a priori et les projections typiquement modernes que les thématiques de l'inceste et du parricide ne manquent pas de provoquer.

Symbolisme et vitalité psychique

À propos d'Œdipe, Freud semble oublier ce que lui-même préconisait : s'instruire des messages laissés par les créateurs dans leurs œuvres. En effet, à maintes reprises Freud explique que « les poètes et romanciers sont de précieux alliés, et leur témoignage doit être estimé très haut, car ils connaissent, entre ciel et terre, bien des choses que notre sagesse scolaire ne

---

[6] Conrad Stein, (1981), « *Œdipe-roi* selon Freud », préface à *Œdipe ou la légende du conquérant* de Marie Delcourt, Les Belles Lettres, Paris.

saurait encore rêver. Ils sont, dans la connaissance de l'âme, nos maîtres à nous, hommes vulgaires, car ils s'abreuvent à des sources que nous n'avons pas encore rendues accessibles à la science. »[7] C'est ainsi que le père de la psychanalyse proposait de « déposer les armes »[8] devant l'œuvre du poète et de l'artiste en général.

Reconnaître le sujet derrière son œuvre

Et par exemple, quand il explique à quel point le *Moïse* de Michel-Ange diffère de celui présenté dans les Écritures, il fait valoir l'originalité de l'artiste. « Mais Michel-Ange a placé sur le monument funéraire du pape un autre Moïse, qui est supérieur au Moïse historique ou traditionnel. Il a remanié le motif des Tables de la loi brisées, il ne les laisse pas se briser par la colère de Moïse, mais il fait en sorte que cette colère soit apaisée par la menace qu'elles pourraient se briser, ou tout au moins, qu'elle soit inhibée sur la voie de l'action. Ce faisant il a introduit dans la figure de Moïse quelque chose de neuf, de surhumain, et la puissante masse corporelle, la musculature débordant de vigueur du personnage ne sont utilisées que comme moyens d'expression physique de la plus haute prouesse psychique qui soit à la portée d'un humain : l'étouffement de sa propre passion au profit d'une mission à laquelle on s'est consacré. »[9] Ici Freud reconnaît la contribution de l'artiste, évitant de le faire disparaître derrière son œuvre. « Pourquoi l'intention de l'artiste ne serait-elle pas assignable, formulable en mots, comme n'importe quel autre fait de la vie psychique ? Peut-être que dans le cas des grandes œuvres d'art, on n'y réussira pas sans application de l'analyse. Mais c'est l'œuvre elle-même qui

----

[7] Sigmund Freud, *Délires et rêves dans la « Gradiva » de Jensen*, Gallimard, (1947), p. 127.
[8] Sigmund Freud, *Gesammelt Schriften*, XII, 7, I.P.V.
[9] Sigmund Freud, (1914), « Le Moïse de Michel-Ange », dans *L'inquiétante étrangeté*, Gallimard, 1985, Paris, pp. 118-119.

doit rendre cette analyse possible, si elle est l'expression, qui fait effet sur nous, des intentions et des émotions de l'artiste. »[10]

Dans son œuvre, l'artiste comme l'écrivain parle d'une expérience intime, objet de toutes les attentions de Freud. Il le dira lui-même : « Le romancier concentre son attention sur l'inconscient de son âme à lui, prête l'oreille à toutes ses virtualités et leur accorde l'expression artistique, au lieu de les refouler par la critique consciente. Il apprend par le dedans de lui-même ce que nous apprenons par les autres : quelles sont les lois qui régissent la vie de l'inconscient ; mais point n'est besoin pour lui de les exprimer, ni même de le percevoir clairement ; grâce à la tolérance de son intelligence, elles sont incorporées à ses créations. »[11]

Il est dès lors d'autant plus frappant de constater que Freud n'éprouve pas le besoin de suivre une telle veine d'analyse avec Sophocle. Au lieu de dégager la part singulière que le poète insuffle au mythe, Freud conclut assez rapidement qu'il s'agit là d'une manifestation du complexe d'Œdipe, lequel serait, dans le fond, le véritable maître d'ouvrage. Pour Freud, « Œdipe qui tue son père et couche avec sa mère » exprime les vœux infantiles communs à tous (universels), ceux de prendre la place du père et de posséder la mère. Ce sont les désirs œdipiens et la culpabilité subséquente à leurs réalisations que Sophocle exprimerait dans son mythe et dans le tragique de la scène finale. Des contenus généralement inconscients seraient ainsi simplement portés à l'attention du public.

En réduisant le mythe en manifestation d'un complexe inconscient, l'analyse de Freud fait l'impasse sur le rôle joué par l'auteur. Il ne reconnait pas le sujet chez Sophocle, celui qui écrit les fameuses pièces tragiques en fonction d'un savoir non

---

[10] Ibidem, pp. 88-89.
[11] Sigmund Freud, (1941), *Délires et rêves dans la « Gradiva » de Jensen*, Gallimard, 1949, p. 242.

identifié par Freud. Alors qu'il proposait lui-même de se mettre au diapason de cette conscience élargie propre à l'artiste, Freud perd la trace du message de Sophocle lorsqu'il projette son idée d'un complexe universel. L'analyse qu'il fait du *Moïse* de Michel-Ange, il ne la fait pas avec l'*Œdipe* de Sophocle : reconnaître le message personnel de l'artiste, sa propre contribution.

Cette impasse sur la part du sujet chez Sophocle coïncide chez Freud avec une limite dans son auto-analyse. Il clôt son investigation œdipienne sur une interprétation qui ferme les tiroirs plus qu'elle ne les ouvre. Une limite qui, aujourd'hui, trouve avec les analyses transgénérationnelles les ouvertures nécessaires.

Monique Schneider note que « Freud, plaçant désormais son aventure sous le signe du destin œdipien, présenté comme expressif d'un destin universel, multiplie soudain les aveux d'impuissance ou de stérilité concernant sa moisson personnelle de souvenirs : "Mon auto-analyse est de nouveau en panne ou plutôt elle traîne péniblement sans que j'y constate de progrès"[12] ; puis, dans la lettre suivante, datée du 14 novembre 1897 : "Mon auto-analyse reste toujours en plan. J'en ai maintenant compris la raison. C'est parce que je ne puis m'analyser moi-même qu'en me servant de connaissances objectivement acquises (comme pour un étranger)."[13] Stagnation qui finira par se traduire par un changement de registre : le passage à l'écriture théorique, s'adressant à un lecteur anonyme. Ecriture, pourrait-on dire, adressée de fantôme à fantôme. La dimension d'ensevelissement singulier est manifeste dans l'aveu formulé sous cette forme : "J'abandonne l'auto-

---

[12] Lettre du 5.11.1897, dans *La Naissance de la psychanalyse*, (1956), PUF, 1996, Paris, p. 202.
[13] Lettre du 9.12.1898, *Ibidem*, pp. 207-208.

analyse pour me consacrer au livre sur les rêves."[14] Le livre théorique ne vient donc pas doubler une exploration singulière, s'effectuant par le truchement de la correspondance adressée à Fliess; il marque, dans une certaine mesure, la fin d'une aventure vécue par un être en chair et en os pour ouvrir une autre carrière : à la fois prestigieuse et fantomale. »[15]

Incroyable synchronicité : en même temps qu'il perd la trace du sujet chez Sophocle, Freud perd le fil de son autoanalyse. Et là, au lieu de revenir vers soi, dans l'*ispéité* de son être comme le prescrivent les présocratiques, Héraclite par exemple, Freud cède à la tentation de l'abstraction métaphysique, subissant lui-même les effets d'une norme inhérente à notre civilisation moderne. Comme j'en ai rendu compte dans *Sophocle thérapeute*[16], Freud reprend à son compte la mutation culturelle athénienne, ce passage fatal du *mythos* au *logos* de la métaphysique, une fracture que Sophocle a précisément tenté de réduire avec ses deux pièces consacrées à Œdipe.

Sophocle comme sujet

En oubliant la position de sujet qu'occupe Sophocle, auteur et metteur en scène d'Œdipe, Freud perd quelque chose du rapport au singulier pour une donnée culturelle, abstraite et métaphysique. En dotant le personnage légendaire des vœux dits œdipiens, c'est à ce titre qu'il viendra dorénavant occuper le devant de la scène. Comme une mauvaise fée penchée sur le berceau des nouvelles générations, celles-ci se voient affublées d'un « homonculus » prétendument programmé pour accomplir l'inceste et le parricide. À défaut d'y repérer l'absence de

---

[14] Lettre du 9.12.1898, dans *La Naissance de la psychanalyse*, (1956), PUF, 1996, Paris, p. 217.
[15] Monique Schneider (1985), *Père, ne vois-tu pas... ?* Denoël, Paris, p. 91.
[16] Thierry Gaillard (2013), *Sophocle thérapeute, la guérison d'Œdipe à Colone*, Écodition, Genève.

sujet, les aliénations transgénérationnelles et l'absence d'une fonction édificatrice parentale qui en sont la cause, Freud ne fait que de s'aligner sur l'héritage de notre civilisation moderne. Il passe ainsi à côté de l'interprétation du message de l'oracle qu'il faut traduire en références aux traditions ancestrales. Ce n'est pas la même chose que de dire qu'un enfant naît avec des intentions d'inceste et de parricide que de dire qu'il est dans l'inceste et le parricide aussi longtemps qu'il n'advient pas en tant que sujet. Comme nous le verrons, la parole oraculaire traduit une vérité-*Alètheia* intemporelle, sur ce qui fut, ce qui est et ce qui sera à la fois. Soumis au régime matriarcal l'enfant est incestueux et parricide dans la mesure où l'occultation de la fonction du père laisse l'enfant à la merci d'une symbiose originaire. En tous cas, préjuger d'une culpabilité, même inconsciente, est à l'inverse d'une position qui consisterait à assumer un rôle parental édificateur du sujet ayant à advenir sur le modèle que propose Sophocle avec Œdipe à Colone.

Dans la logique freudienne, l'auteur de la tragédie serait donc le complexe d'Œdipe en Sophocle et non pas Sophocle lui-même. Pour Conrad Stein, « sur un aspect de sa pensée, aucun malentendu ne saurait persister : Freud n'a jamais songé à faire appel à la légende pour établir le bien-fondé de sa découverte du complexe d'Œdipe ; c'est au contraire la constance des vœux parricide et incestueux qui lui a permis d'observer que le contenu refoulé du complexe d'Œdipe « fait retour » dans la légende. »[17] En effet, dans l'*Abrégé de psychanalyse*, Freud écrit : « Si le petit garçon a quelquefois partagé le lit de sa mère pendant une absence de son père, il s'en voit banni dès le retour de celui-ci, d'où la satisfaction au départ et amère déception au retour. Tel est le complexe d'Œdipe que la légende grecque a emprunté au monde fantasmatique infantile pour le transposer

---

[17] Stein Conrad (1981), « Œdipe-roi selon Freud », préface à *Œdipe ou la légende du conquérant*, de Marie Delcourt, Les Belles Lettres, Paris, p. VII.

en prétendue réalité »[18] Cette réduction du mythe en un produit du complexe inconscient, Freud le confirme encore à l'occasion de ses *Cinq leçons sur la psychanalyse* qu'il prononce aux Etats-Unis : « Le mythe du roi Œdipe qui tue son père et prend sa mère pour femme est une manifestation peu modifiée du désir infantile contre lequel se dresse plus tard, pour le repousser, la barrière de l'inceste. »[19] Nous le constatons, cette analyse ne fait que de reprendre les nouvelles normes de la modernité. En revanche, la perspective transgénérationnelle de Sophocle nous permet de dépasser cette aliénation collective pour renouer avec une autre intelligence, largement supérieure.

Mais pour commencer à réintroduire l'altérité du sujet, revenons à Sophocle lui-même, à titre d'auteur pas nécessairement au service du complexe d'Œdipe comme supposé par Freud. Plusieurs éléments sont à prendre en compte dans ce qui fait l'originalité de la version de Sophocle du mythe d'Œdipe. Des éléments qui, déjà, nous font comprendre que c'était bel et bien Sophocle qui s'était emparé du mythe, au lieu de croire que son œuvre ne fut que l'expression d'un complexe inconscient qui aurait pris le dessus sur ses intentions. Reconnaissons que sa version du mythe d'Œdipe diffère de celle d'Homère et aux allusions au personnage d'Œdipe chez différents anciens auteurs Grecs. Surtout que Sophocle innove en introduisant la thématique de la peste au début d'*Œdipe-roi*. Les Hellénistes n'ont d'ailleurs pas manqué de le relever. Cette originalité provient aussi du fait que les Tragédiens traitaient dans leurs œuvres de l'actualité de leurs époques. Traditionnellement, ils remplissaient une fonction de guides, offrant aux membres de la collectivité les moyens de penser leurs actualités. Ainsi, Sophocle avait repris le trauma collectif des Athéniens décimés

---

[18] Sigmund Freud (1949), *Abrégé de psychanalyse*, 8ème édition, 1975, PUF, Paris, p.60.
[19] Sigmund Freud (1908), *Cinq leçons sur la psychanalyse*, 1985, Payot, Paris, p.56.

par plusieurs vagues d'épidémie de la peste entre 430 et 426 av. J.C. Le grand Périclès lui-même y succombera et les parallèles sont nombreux entre ce chef de la cité et la position d'Œdipe lorsqu'il était roi de Thèbes. Ce n'est certes pas le complexe d'Œdipe en Sophocle qui lui aurait donné l'idée d'introduire la thématique de la peste. Au contraire, il faut ici reconnaître l'apport de l'auteur en tant que sujet qui se sert de la problématique œdipienne plutôt que d'en être le serviteur inconscient. En vérité, nous le verrons, Sophocle traite dans sa version de l'histoire d'Œdipe d'une quantité d'autres thématiques essentielles, notamment de la transition d'un régime oligarchique à celui démocratique si caractéristique de son époque.

Avec la chute de cet Œdipe qui ne se connaissait pas, c'est-à-dire qui ne connaissait ni ses origines ni ses vrais parents, il montre que la peste est une des conséquences possibles pour un pays d'avoir à sa tête un roi qui se méconnait. L'allusion à Périclès est ici encore évidente comme je l'ai développé dans un autre ouvrage[20]. Enfin, Sophocle ne s'arrête pas à la tragédie de la scène finale d'*Œdipe-roi* puisqu'il propose une suite avec *Œdipe à Colone* qui éclaire ô combien l'ensemble de sa propre conception de la problématique œdipienne. De la peste à Thèbes à la garantie de la prospérité qu'Œdipe laisse à ses hôtes, le message de Sophocle paraît pourtant clair.

En complément à la prise en compte du contexte de l'époque de Sophocle, ce sera aussi et surtout la découverte[21] d'une structure transgénérationnelle, organisatrice invisible de la version de Sophocle du mythe d'Œdipe qui témoigne de sa position de sujet. En éclairant le destin d'Œdipe à la lumière des lois non écrites, transgénérationnelles, nous découvrons en effet que Sophocle s'en était inspiré pour écrire sa propre

---

[20] Thierry Gaillard (2020*), Sophocle thérapeute, la guérison d'Œdipe à Colone*, Génésis Editions, Genève.
[21] Thierry Gaillard (2012), *La renaissance d'Œdipe, une mythanalyse transgénérationnelle*, Écodition, Genève.

version du mythe. Derrière le personnage qu'il met en scène, son intelligence fait merveille. Les limites des interprétations modernes transparaissent grâce à l'apport de la perspective transgénérationnelle. Celle-ci nous permettra de reconnaître chez Sophocle sa fonction d'auteur pour désavouer une interprétation qui réduirait cette œuvre à la manifestation du « complexe d'Œdipe » de son auteur. Une fois la trame transgénérationnelle décryptée, personne ne saurait ignorer la part intentionnelle chez Sophocle dans sa mise en scène du « monstre ».

Cette réinterprétation nous offre de quoi en découdre, non pas tellement avec la position de Freud, mais bien plutôt avec la culture métaphysicienne moderne, celle de la rationalisation philosophique et son exil du *mythos*. Sur le modèle que Sophocle nous donne avec Œdipe, nous sommes invités à advenir nous-même aussi des auteurs réécrivant leurs propres préhistoires.

Reconnaître cette fonction de sujet, fertile, s'accordant aux lois non écrites, c'est soutenir cette précieuse part de soi, celle qui dit son mot derrière le masque œdipien. Elle offre de réécrire nos histoires pour intégrer le passé resté lettre morte. Suivre Sophocle dans sa réécriture du mythe, jusqu'à Colone, nous instruira sur la nature du cheminement d'Œdipe ; parfait exemple, symbolique, d'un travail de connaissance de soi et d'intégration[22] de ses origines.

Un sujet inaliénable en soi

L'existence de cette partie de soi, inaliénée et inaliénable, c'est-à-dire du sujet en soi, permet de comprendre ce qui opère dans le travail d'intégration transgénérationnelle. Au lieu de

---

[22] Pour une définition exhaustive de l'intégration, se référer au deuxième chapitre de *L'intégration transgénérationnelle* (Écodition).

simplement dupliquer un héritage familial ou culturel, le sujet intègre son héritage pour l'assimiler et le renouveler.

De la même manière, il ne convient pas de réduire une personne à ses aliénations, à cette dimension impersonnelle qui lui préexiste et qui l'habiterait malgré elle. Attribuer à tout un chacun le complexe d'Œdipe revient à réduire la personne à son aliénation culturelle. La lui attribuer ne ferait qu'augmenter la charge de ses héritages transgénérationnels. Au contraire, ce qui demande à être reconnu concerne le travail du sujet qui cherche à intégrer ses héritages, qui tente de rompre avec les répétitions et amplifications des aliénations. Ce sujet en chacun de nous est le centre à partir duquel nous nous émancipons de nos aliénations, comme le fait Œdipe sur la route qui mène à Colone. C'est donc aussi à titre de sujet que Sophocle nous intéresse, lui qui se sert d'une ancienne légende pour transmettre un modèle thérapeutique du plus grand intérêt.

Il s'agit en effet de reconnaître la valeur du travail des auteurs et des poètes qui renouvellent la culture, voire la transforment et l'approfondissent. Même si le thème concerné appartient à la culture collective, comme Œdipe, il convient donc de reconnaître l'originalité de l'œuvre de Sophocle et de ne pas la réduire au patrimoine dont elle est issue. Ces deux aspects sont bien entendu liés, mais leur différenciation permet d'établir un dialogue enrichissant entre un individu et ses multiples héritages, jusqu'à les faire siens. L'enjeu de cette distinction nous importe puisqu'il s'agit de différencier les processus d'aliénation (l'autre en soi) avec ceux qui mettent en lumière la présence du sujet, dont la reconnaissance favorise le développement.

Comme j'y ai déjà fait référence, c'est notamment par l'ajout de l'épidémie de peste au début d'*Œdipe-roi* que Sophocle distingue son œuvre des versions plus anciennes. La sienne raconte le parcours d'un héros qui commence avec la peste et qui se termine avec la prospérité. Cet apport personnel de Sophocle permet de reconnaître ses intentions (thérapeutiques) et d'identifier la structure transgénérationnelle sous-jacente à son œuvre. Cette perspective transgénérationnelle élargit aussi notre horizon, où se profile le personnage de Cadmos, celui qui sut rendre fertile la terre sur laquelle il édifia la cité de Thèbes, l'arrière-arrière-grand-père d'Œdipe.

De manière générale, partant de ce qui se joue dans l'actualité, ici et maintenant (c'est-à-dire l'épidémie de peste au début d'*Œdipe-roi*), le travail d'intégration des héritages transgénérationnels cherche à traduire ce qui se présente sur un plan symbolique, afin d'en approfondir la signification : une traduction de ce passé non passé, toujours représentatif d'événements non intégrés, figés dans un temps qui ne s'écoule plus. Nous verrons, en effet, que des drames non intégrés dans l'histoire de Thèbes auront raison de la transmission des forces édificatrices de Cadmos et de son action fondatrice. Le cumul de ces manques d'intégration prend plusieurs formes dans le mythe. Il fait retour, d'une part avec l'épidémie de la peste qui menace de tout détruire et, d'autre part, avec la problématique d'Œdipe qui devra mourir et renaître pour renouer avec l'héritage fertile de son aïeul, qu'il transmettra à Thésée.

En deçà du complexe d'Œdipe

Accueillir l'autre comme aliéné d'un Œdipe en germe ou comme metteur en scène d'un semblant d'Œdipe, comme patient ou comme sujet en devenir, voilà une différence qui conditionne le destin d'une rencontre.

En panne dans son auto-analyse, l'interprétation de Freud ressemble à un ourlet cousu de faux fil dont le statut provisoire passa pour définitif, enfin presque. De nombreuses études soulignent aujourd'hui les limites de ce type d'interprétation pour retourner au texte de Sophocle dans un plus grand souci de fidélité à l'auteur et à son œuvre. Monique Schneider remarque qu'il est « significatif que la leçon œdipienne soit codifiée par Freud sous une forme réduite : seuls comptent les vœux parricides et incestueux, alors que l'errance d'Œdipe nous confronte à d'autres figures de la menace mortifère : en premier l'infanticide, Œdipe exposé à la mort, par la suite le matricide et la lutte fratricide, faisant d'ailleurs écho au festin de Thyeste. Devant cette réduction de la quête d'Œdipe à une loi bipolaire, valable universellement, on se heurte à un renversement de la fonction du mythe. La loi bipolaire n'a-t-elle pas été énoncée par l'oracle lui-même ? Au lieu de se pencher sur les multiples péripéties offertes par le mythe d'Œdipe, Freud ne s'approche du mythe que pour y lire la parole oraculaire. »[23]

Aussi symptomatique soit-elle, l'interprétation de Freud n'en reste pas moins riche d'enseignements. Elle permet de reconnaître l'influence d'une aliénation spécifiquement moderne, l'abus d'une philosophie de la raison sur le *mythos*. Je l'ai déjà évoqué, cette difficulté motive l'invention du mythe du père primitif que Freud doit alors avancer dans *Totem et Tabou*[24]. Quand bien même serait-elle subjective, cette construction lui offre de compenser les lacunes de symbolisation dans sa propre filiation comme je le discuterai plus loin.

L'interprétation de Freud est conforme à notre civilisation de la raison philosophique. Or précisément, ne pas subir l'aliénation de cette acculturation pourrait bien être l'intention de Sophocle avec sa version du mythe d'Œdipe. En tenant compte des conflits inhérents au passage du matriarcat au patriarcat, Erich Fromm explique qu'il est permis de comprendre que « le dessein de Sophocle était de montrer que si, lors, le monde patriarcal s'avérait triomphant, il n'en serait pas

---

[23] Monique Schneider (1988), « Le mythe, fétiche ou matrice ? La rencontre de Freud avec Œdipe », dans *Art, Mythe et Création*, Le Hameau, Paris, pp. 50-51.
[24] Sigmund Freud (1923), *Totem et tabou*, Payot, 1965, Paris.

moins, un jour vaincu, s'il ne tempérait son austérité par les principes d'humanité profonde qui animaient l'antique ordre matriarcal. »[25] Imprégné de la tradition non duelle, ou moniste, du guérisseur Asclépios (dont il était prêtre) Sophocle en effet restait soucieux d'un juste équilibre entre les anciennes traditions et la nouvelle culture naissante à Athènes, entre les lois non écrites de la vie et celles écrites par les nouveaux fils de la cité, les citoyens de la nouvelle démocratie.

Annick de Souzenelle repère l'ambivalence inhérente à l'œuvre : « Ici, dans la dernière étape d'Œdipe, plus qu'ailleurs, Sophocle semble détourner son public du véritable sens qu'il donne à son œuvre et lui jeter en pâture un théâtre qui n'est en réalité que le rideau d'un théâtre plus profond. Autrement dit, il voile son message, comme le font les auteurs de nos textes sacrés pour inviter à atteindre à une plus haute dimension d'eux-mêmes ceux qui désirent vraiment les décrypter et en vivre ; il les invite à entrer dans le plus sacré en eux ! Mais le voile tissé à partir du vrai contenu, et qui le recouvre, porte en lui la force reconductrice au contenu de son origine. La Pythie de Delphes n'a-t-elle pas usé de la même stratégie ? Qui pourrait en effet entrer avec Dionysos dans le « délire » sans délirer ? Qui pourrait connaître l'ivresse de Noé sans être pris de vin ? Seul celui qui a fait, au-delà des plus hautes sagesses, le chemin de la folie ! Sophocle nous conduit sur ce chemin ; pour cela, nous l'avons vu, il transpose dans un drame amplifié de la vie extérieure du héros le Grand Œuvre de son intériorité ; il joue avec l'émotion et la soulève de telle sorte qu'en elle se noie le public ainsi rendu sourd et aveugle à l'essentiel. Mais celui qui est devenu capable de prendre une distance par rapport aux tempêtes dont son cœur est victime est aussi capable de

---

[25] Erich Fromm, *Le langage oublié*, Payot, 2002, Paris, p. 118.

s'interroger sur ce à quoi renvoie au-dedans du héros le drame du dehors. »[26]

Précisément, pour garder la bonne distance et maintenir son aptitude à penser la symbolique de l'œuvre, encore s'agit-il de ne pas sombrer dans la substance du tabou de l'inceste et du parricide, d'y réagir au quart de tour et de donner sa voix au halte-là au *logos* rationnel, ignorant tout de la portée symbolique du *Mythos*.

Concernant les certitudes freudiennes, Jean-Pierre Vernant a sans doute raison de dire que « pour que le cercle ne fût pas vicieux, il eût fallu que l'hypothèse freudienne, au lieu de se présenter au départ comme une interprétation évidente et allant de soi, apparaisse au terme d'un minutieux travail d'analyse comme une exigence imposée par l'œuvre elle-même, une condition d'intelligibilité de son ordonnance dramatique, l'instrument d'un entier décryptage du texte. »[27]

Envisager d'autres lectures de l'œuvre de Sophocle, c'est par exemple déjà prendre en compte le rôle du père, Laïos, et sa tentative d'infanticide sur le jeune Œdipe, trois jours après sa naissance. C'est aussi insérer la tragédie dans son contexte historique, depuis la fécondation de la terre thébaine par Cadmos jusqu'au fratricide des fils d'Œdipe. Nous le verrons, le mythe d'Œdipe nous confronte à l'originaire, à ce qui, dans les générations antérieures, se perpétue chez les descendants, une dynamique qui passe par la mère et par le père. Qui d'autre que l'artiste pourrait mieux symboliser la part de ses aliénations transgénérationnelles pour créer et se porter dans un renouveau plutôt que dans une répétition ? Ceux qui, comme les enfants, nourrissent la part du sujet en eux, à l'instar des

---

[26] Annick de Souzenelle (1998), *Œdipe intérieur*, Albin Michel, Paris, pp. 69-70.
[27] Jean-Pierre Vernant (1994), *Œdipe et ses mythes*, Complexe, Bruxelles, p. 2.

poètes, des artistes et des prophètes hérétiques devenus immortels, s'inspirent de la symbolique des lois non écrites et transgénérationnelles, au lieu de s'acharner à en refouler les manifestations. Georg Groddeck ne mâche pas ses mots : « L'adulte s'efforce péniblement d'accéder à une compréhension de la symbolique et, parfois, il parvient à comprendre une œuvre humaine, dans ses relations symboliques à l'inconscient. L'enfant, lui, dispose immédiatement de cette compréhension ; c'est un fait qu'il ne faut jamais perdre de vue si l'on s'occupe, en théorie ou en pratique, de l'être de l'enfant. Cette délicatesse ou sensibilité des premières années de vie se perd rapidement, pour céder la place à ce qu'on appelle le solide bon sens et qui n'est, en vérité, qu'une bêtise acquise par le refoulement. »[28] Le discours moderne dit cet éloignement des lois non écrites, cet exil de la vie symbolique et fertile. Pourtant, n'est-ce pas dans ce rapport aux origines que nous devenons les auteurs de nos vies, inspirés tels des poètes, artistes et autres créateurs ?

Sophocle s'inspire d'une réalité invisible, symbolique et spirituelle, pour nous en livrer les remous les plus saisissants. Car la dimension symbolique que j'évoque donne son entendement le plus profond à la psyché, expliquant l'effet qu'il peut avoir sur l'entourage. Seule son analyse sera susceptible de nous ouvrir à l'intention profonde du poète, à la part qu'il met, lui, dans sa réécriture du mythe. Comprises dans son œuvre, les perspectives transgénérationnelles et les lois non écrites transparaissent alors à qui sait les regarder. Un art qui situe de façon générale le rapport au monde de l'auteur, son regard porté sur une symbolique généralement inconsciente.

René Barbier évoque ce caractère fertile du symbole, sa dynamique vivante, ou force opérante. « On peut s'interroger sur le fait, habituel chez de nombreux mystiques, d'entrer dans

---

[28] Georg Groddeck (1969), *La maladie, l'art et le symbole*, Gallimard, Paris, p. 280.

l'écriture poétique après un insight spirituel. Krishnamurti l'a vécu, comme Saint-Jean de La Croix ou Kabir. Certes les poèmes qui résultent de cette expression créatrice tombent ensuite dans la sphère de la pensée et de l'idéologie. Ils peuvent être utilisés pour leurrer les foules. Mais on oublie qu'ils enflamment également et éveillent des personnes endormies dans un sommeil ontologique. Le symbole, véritable joyau d'un acte créateur, est toujours plus qu'une image mentale [...]. Il se peut qu'à la longue le symbole se "refroidisse" et se transforme en allégorie, voire en synthème sociologique, selon l'expression de René Alleau (1977). Mais pendant longtemps une image symbolique et poétique digne de ce nom garde sa charge questionnante sur la réalité illusoire du monde. On peut penser que l'image poétique est à l'ontologie, à la recherche spirituelle, ce qu'est la pensée au domaine technique : un ustensile susceptible de "donner à voir" (P. Eluard) une connaissance, approchée certes, mais vivante, de ce qui est. »[29]

Une symbolique vivante

Privilège du sujet en soi, l'activité de symbolisation ne se réduit pas aux explications ou aux croyances. Plutôt que de coller un discours sur une réalité, le symbole surgit d'un rapport d'intelligence avec son vécu et conformément aux lois non écrites. Ces dernières sont les racines vivantes qui procurent au symbole sa qualité opérante. En ce sens, le symbole est un savoir-faire dont la nature ne se prête pas aux explications et autres références idéologiques. Nicolas Abraham[30] tenta à son

---

[29] René Barbier (1995), *L'autorisation noétique ou le devenir du sujet dans la philosophie de l'éducation de J. Krishnamurti*, Communication au Congrès de l'Association Francophone Internationale de Recherche Scientifique en Education, Université Catholique de l'Ouest, Angers.

[30] Nicolas Abraham (1987), « Le sens du symbole comme l'au-delà du phénomène », dans *Rythmes, de la philosophie, de la psychanalyse, de la poésie*. Flammarion, Paris, pp. 187-188.

époque, avec ce qu'il nommera le symbole psychanalytique, d'en expliciter la nature opérante. Il précise que « d'aucuns vivent dans le préjugé commode qu'il suffit d'adjoindre le « sens » à la « chose » pour se prévaloir du succès du déchiffrage. Pourtant, si l'inventeur de la psychanalyse s'était contenté d'établir une « clef des symboles », il n'aurait rien fait d'autre que convertir un système de signes en un autre système, celui-ci demeurant à son tour redevable de son secret. [...] Pour parachever l'œuvre du déchiffrage, il faudra rétablir tout le circuit fonctionnel, impliquant une multiplicité de sujets, circuit où le symbole-chose ne joue qu'un rôle de relais. Cela revient à reconnaître au symbole plus qu'un statut d'expression. Il s'agira de l'étudier comme efficacité intensive, comme partie intégrante de la réalité humaine totale. Comprendre un symbole, c'est le replacer dans le dynamisme d'un fonctionnement intersubjectif. Une première distinction s'impose ici. D'une part, le symbole-chose, le symbole mort en tant que symbole et, d'autre part, le symbole opérant, inclus dans un fonctionnement, c'est-à-dire le symbole animé de sens et supposant des sujets concrets en fonctionnement synergique. Interpréter un symbole consiste alors à convertir le symbole-chose en symbole opérant. »

Les mythes et les contes possèdent la qualité symbolique qui inspire la psyché, la vivifie, sans requérir d'y croire ou nécessiter d'explications. Bettelheim soulignait que « l'enfant a besoin de comprendre ce qui se passe dans son être conscient et, grâce à cela, de faire face également à ce qui se passe dans son inconscient. Il peut acquérir cette compréhension (qui l'aidera à lutter contre ses difficultés) non pas en apprenant rationnellement la nature et le contenu de l'inconscient, mais en se familiarisant avec lui, en brodant des rêves éveillés, en élaborant et en ruminant des fantasmes issus de certains éléments du conte qui correspondent aux pressions de son inconscient. En agissant ainsi, l'enfant transforme en fantasmes le contenu de son inconscient, ce qui lui permet de mieux lui faire face. C'est ici que l'on voit la valeur inégalée du conte de fées : il ouvre de nouvelles dimensions à l'imagination de l'enfant que celui-ci serait incapable de découvrir seul. Et, ce qui est encore plus important, la forme et la structure du conte de fées lui offrent des images qu'il peut incorporer à ses rêves éveillés et qui l'aident à mieux orienter sa vie. »[31] Si la lecture d'un conte peut faciliter l'intégration de certaines difficultés, c'est bien que l'auteur, comme Sophocle, s'adresse au sujet en chacun de nous en parlant la langue symbolique comprises par tous, même de manière inconsciente.

Cette dimension à laquelle aspire la psyché donne elle-même son élan aux créations mythologiques. Jean Humbert explique que les Grecs embellirent les récits « d'ingénieux ornements, ils l'enrichirent de fictions riantes, ils y versèrent à pleines mains les charmes de leur imagination. [...] Dans les bergers ils virent des Satyres et des Faunes ; dans les bergères, des Nymphes ; dans les cavaliers, des Centaures ; dans les héros, des Demi-dieux ; dans les oranges, des pommes d'or ; un vaisseau à voiles devint un dragon ailé. Un orateur avait-il captivé ses compatriotes par les charmes de son éloquence, on prétendait qu'il avait apprivoisé les lions et rendu sensibles les rochers. Une femme qui avait perdu son époux passait-elle le reste de sa vie dans les pleurs, on la supposait changée en fontaine. La poésie anima ainsi toute la nature, et peupla le monde d'êtres fantastiques ; et comme le dit élégamment Boileau : « Chaque vertu devient une divinité : *Minerve* est la prudence, et *Vénus* la beauté... Écho n'est plus un son qui dans l'air retentisse, c'est une *nymphe* en pleurs qui se plaint de Narcisse. » [...] Mais la mythologie offre çà et là des fables morales, où l'on trouve, sous le voile de l'allégorie, d'excellents préceptes et des règles de conduite. Les Furies acharnées sur

---

[31] Bruno Bettelheim, *Psychanalyse des contes de fées*, Robert Laffont, 1976, Paris, p. 21.

Oreste, le vautour qui ronge les entrailles de Prométhée, sont des tableaux frappants du remord. L'histoire de Narcisse nous peint la sotte vanité, et l'amour exagéré de soi-même. La mort tragique d'Icare est une leçon donnée aux fils désobéissants. Phaéton est le type des orgueilleux punis. Les compagnons d'Ulysse, changés en pourceaux par des breuvages de Circé, sont l'image trop fidèle de l'abrutissement où se jettent l'intempérance et la débauche. »[32] Un art qui fit dire à Schopenhauer que le grand poète est celui qui, à l'état de veille, crée ce que les autres créent seulement dans le sommeil.

À l'exemple de la mythologie et du travail poétique, notre rapport au symbolique dépasse les simples sphères de la raison pour toucher l'ensemble de la psyché. Symboliser sollicite nos facultés psychiques les plus subtiles, indispensables à l'épanouissement personnel et spirituel, aux élans d'Éros, à notre émancipation d'une représentation plate de la vie, prise au pied de la lettre, triste produit de la stérilité psychique, d'une psyché morte au symbolique. Lorsqu'il soutient « si l'homme en vient à penser l'ordre symbolique, c'est qu'il y est d'abord pris en son être »[33] Lacan semble pointer une même fonction de sujet. Une perspective se justifiant aussi par l'universalité de cette dimension symbolique. Erich Fromm dit par exemple que « des peuples différents ont créé des mythes différents, de même que des personnes différentes font des rêves différents. Mais, en dépit de toutes ces différences, mythes et rêves possèdent un caractère commun : ils sont tous « écrits » en une même langue, la Langue Symbolique. »[34] Ce rapport entre l'essence du symbolique et l'être de l'homme renvoie à la question du sujet en soi et à son advenir.

---

[32] Jean Humbert (1847), *Mythologie grecque et romaine*, B. Duprat, Paris. pp. 264-266.

[33] Jacques Lacan (1966), *Écrits*, Seuil, Paris, p. 53.

[34] Erich Fromm (1980), *Le langage oublié, introduction à la compréhension des rêves, des contes et des mythes*, Payot, Paris, pp. 10-11.

L'œuvre du sujet

De la même manière que le tronc relie les racines d'un arbre à ses branches, raccorder le visible et l'invisible, transcender les dualités, revient à produire du symbolique. Le rapport profond entre la psyché et la dimension symbolique est lui-même garant de notre apprentissage de la vie, de l'intégration de nos vécus. Un rapport au monde et à soi-même qui garantit l'équilibre de la psyché, sa fertilité symbolique. N'est-ce pas là une fonction du sujet en soi, la garantie d'une autocréation de soi par l'écriture ininterrompue de ses histoires ? Peut-être pouvons-nous nous inspirer, comme d'une discipline de vie, du rapport que Goethe entretenait avec son propre vécu : « Et c'est de la sorte que naquit, dit-il en parlant de sa prime jeunesse, cette orientation intellectuelle dont je ne pus m'écarter ma vie durant : transformer en une image, en un poème, tout ce qui me réjouissait ou me troublait, ou me préoccupait en quelque façon, et régler ainsi mon compte avec tout cela, tant pour rectifier mes idées des choses extérieures que pour faire, en moi, régner la paix à leur sujet. Cette faculté n'était à personne plus nécessaire qu'à moi, que ma nature jetait constamment d'un extrême à l'autre. Ainsi donc, toutes les œuvres que j'ai publiées ne sont que les fragments d'une grande confession. »[35]

À l'instar de Goethe, il existe de nombreux témoignage d'intégration artistiques d'un vécu personnel, familial et transgénérationnel ou encore culturel. Par exemple, Nicholas Rand explique que *Les Fleurs Bleues,* le roman que Raymond Queneau publie en 1965, « est une mise en scène [...] d'une auto-guérison, survenue à la suite d'un traumatisme ancien, ignoré en tant que tel par le protagoniste. Dans l'univers analytique d'Abraham et Torok, cette guérison psychique spontanée est l'équivalent d'une introjection. Elle accomplit

---

[35] W. Goethe, *Poésie et vérité*, trad. de Pierre du Colombier, Paris, Aubier, 1941, pp. 184-185.

l'intégration de deux parties d'un moi clivé ; elle réalise la rencontre de soi avec soi. »[36] Ce même auteur[37] rappelle aussi la découverte par Nicolas Abraham de la symbolique transgénérationnelle du *Hamlet* de Shakespeare. Denise Morel a montré dans *Les ressources créatives des familles d'artistes*[38] de quelle manière les personnalités créatives tentent d'intégrer dans leurs productions artistiques des événements restés lettre morte dans l'histoire familiale. Apprenant cette part de non-dit dans sa famille, dans son livre *Un secret*, Philippe Grimbert écrit : « J'ai ajouté de nouvelles pages à mon récit, nourries par les révélations de Louise. Une seconde histoire est née, dont mon imagination a rempli les blancs, une histoire qui ne pouvait cependant effacer la première. Les deux romans cohabiteraient, tapis au fond de ma mémoire, chacun éclairant à sa façon Maxime et Tania, mes parents, que je venais de découvrir. »[39]

Dans *Des gens très bien*, Alexandre Jardin[40] revient sur l'histoire non dite et non intégrée de sa famille. L'auteur dira de cette œuvre qu'elle marque un tournant majeur dans sa vie. Après en avoir lui-même souffert, c'est pour éviter de transmettre cet héritage aliénant à ses enfants et petits-enfants qu'il s'est décidé à briser le silence.

---

[36] Nicholas Rand (2001) « Psychanalyse et littérature », dans *La psychanalyse avec Nicolas Abraham et Maria Torok,* Érès, Ramonville Saint-Agne, p. 194.

[37] Nicholas Rand (2000), « Invention poétique et psychanalyse du secret dans *le fantôme d'Hamlet* de Nicolas Abraham » dans *Le psychisme à l'épreuve des générations, clinique du fantôme,* sous la direction de Serge Tisseron, Dunod, Paris, et (2001), *Quelle psychanalyse pour demain ?* Érès, Ramonville Saint-Agne.

[38] Denise Morel (2015), *Les ressources créatives des familles d'artistes,* Génésis Editions, Genève.

[39] Philippe Grimbert (2004), *Un secret,* Grasset, Paris, p. 89.

[40] Alexandre Jardin (2011), *Des gens très bien,* Grasset, Paris.

Autre interlocution significative entre un auteur et son œuvre, Pierre Mabille[41] résume la manière par laquelle l'auteur et mathématicien Lewis Caroll aura réécrit certaines questions fondamentales. « *Alice au Pays des Merveilles* traduit l'angoisse de l'être perdu dans un univers dont aucun élément n'est plus assuré. [...] Cette préoccupation de l'identité même de l'être, de sa survivance, s'inscrit dans la ligne de la philosophie d'Héraclite et forme l'objet de l'entretien de la petite fille avec la chenille. Celle-ci, acariâtre ne cesse de lui demander : Qui êtes-vous ? »

Symboliser notre propre vécu nous engage à approfondir notre rapport au monde. En retour, l'opérativité de ces symbolisations agit sur ce même rapport au monde. Les œuvres symboliques nourrissent cette faculté susceptible de transcender le passé. Tel est le bénéfice d'un renouvellement culturel, une dynamique à laquelle se voue l'esprit fertile pour renaître de manière continue. Nicolas Dracoulidès considère que l'œuvre d'art « a besoin d'un temps d'incubation, puis tout d'un coup se crée le besoin d'une décharge et elle sort toute faite, comme Minerve de la tête de Jupiter. Goethe écrivait à Humbold que la conception de *Faust* hantait son esprit depuis soixante ans, et Wagner raconte dans ses *Mémoires* que *Lohengrin*, dont la conception datait depuis longtemps sans pouvoir trouver une issue d'expression musicale, lui est apparu soudain comme une inspiration toute mûre : « À peine fus-je entré dans mon bain vers midi, dit-il, que le désir de noter *Lohengrin* s'empara violemment de moi. Incapable de passer l'heure entière dans l'eau, je sautais hors de ma baignoire au bout de peu de minutes ; et prenant à peine le temps de me vêtir convenablement, je courus comme un fou dans mon logis pour jeter sur le papier ce qui m'oppressait... » « Le récit que je veux faire maintenant, écrit Duhamel, est en travers de ma gorge

---

[41] Pierre Mabille, préface à l'édition de 1947 d'*Alice aux pays des Merveilles* de Lewis Carroll, Stock, Paris.

depuis près d'un an déjà. Il pèse sur ma poitrine. Il est temps de m'en délivrer ». L'artiste créateur ressent le moment de sa production artistique comme une délivrance ou comme un enfantement. Si alors il n'est pas prêt à recevoir sa progéniture psycho-spirituelle, celle-ci peut régresser pour réapparaître plus tard... ou jamais. [...] Le rôle « cathartique » et libérateur de l'art a été prouvé bien des fois depuis l'époque d'Aristote. C'est par cette possibilité du talent et de la création artistique que certains privilégiés ont pu échapper à la menace de l'asile, vivre comme artiste et même léguer à l'humanité des œuvres éternelles : la *Divine Comédie* a guéri Dante de la dépression, *Werther* a sauvé Goethe d'un suicide d'amour, *Pêcheur d'Islande* a empêché Pierre Loti d'échouer à l'asile des aliénés, etc. »[42]

Il est un autre acteur culturel que nous n'oublierons pas. Nous convoquons Freud lui-même, mais cette fois à titre d'auteur, notamment de ce que lui-même nomme un « mythe scientifique », celui du père de la horde primitive qu'il s'invente dans *Totem et Tabou*[43]. La thèse de Freud, de l'existence d'un père primitif mis à mort par ses fils puis édifié à titre de totem, premier objet de culture, fut largement critiquée à l'époque de sa publication. Très discutable d'un point de vue scientifique, cette élaboration n'en reste pas moins une pièce utile à la compréhension de la métapsychologie freudienne. Freud la considère comme son plus important travail et dira « n'avoir rien écrit avec autant de conviction ». Le doute n'est pas possible, Freud croit à sa théorie, preuve s'il en fallait une, qu'elle fonctionne pour son auteur, de façon subjective plus qu'objective. Traitant des origines, à défaut de mieux, elle palie les manques dans l'analyse de son rapport filial et transgénérationnel. Freud comme auteur, plus littéraire que scientifique,

---

[42] Nicolas Dracoulidès (1952), *Psychanalyse de l'artiste et de son œuvre d'art*, Editions du Mont-Blanc, Genève, p. 39.
[43] Sigmund Freud (1923), *Totem et tabou*, Payot, 1965, Paris.

répond de façon subjective à la part de vérité restée lettre morte ainsi qu'à l'imperfection de son analyse du mythe d'Œdipe.

Critiquer le rôle qu'aura jouée l'aliénation moderne dans la pensée de Freud ne nous empêchera donc pas de reconnaître qu'il aura abordé les questions restées en suspens par un autre chemin, tout autant symptomatique. Si la part d'une vérité subjective échappant à son auto-analyse aura motivé l'écriture de son « mythe scientifique », distinguer ces deux registres nous semble clarifier les pôles entre lesquels nous pouvons situer la métapsychologie freudienne. Alors que l'aliénation moderne lui dicte son interprétation du mythe d'Œdipe, la production plus subjective du père de la psychanalyse cherchera, en quelque sorte, à sublimer et compenser l'inanalysé.

Symboliser les lois transgénérationnelles

Les références à la littérature et à la culture ont le mérite d'articuler l'âme au corps de la façon la plus transparente. Symbolique, la source fertile n'en reste pas moins une eau insaisissable. Intersigne des écritures, elle en soutient l'esprit et le sens. Si le vécu personnel des auteurs reste généralement dans l'ombre de leurs créations, ces dernières en sont imprégnées.

La symbolique de ces œuvres véhicule un « Verbe » dont la qualité consiste à transmettre du sens, même si chacun peut l'entendre différemment en fonction de sa propre subjectivité. Les lois non écrites à partir desquelles nous produisons du symbolique ne se laissent pas prendre dans les mailles du temps ou dans une forme établie du langage, surtout pas celle des lois dites « écrites » qu'il faudrait plaquer sur le réel. Elles opèrent sur l'instant, irréductibles à telle ou telle représentation ou explication – lesquelles ne sont, le plus souvent, que des symboles morts en tant que symboles pour reprendre les termes de Nicolas Abraham. Au-delà d'une conscience de certaines répétitions, circadiennes, les lois non écrites régissent un immense mouvement continu, impliquant le minuscule (atomique) et l'immensité (cosmique), sans jamais rien répéter, la lune d'hier n'étant pas celle d'aujourd'hui, la rivière dans laquelle nous nous baignons diffère de celle de l'instant d'avant comme le formulait Héraclite. En son sein prennent place des règles de la physique, des coïncidences, des mouvements qui brassent le monde en offrant des possibilités renouvelées d'intégration.

Quel savoir pour les lois non écrites ?

À défaut d'en posséder une écriture établie, pouvons-nous néanmoins comprendre la genèse d'une symbolique exprimant les lois du vivant, échappant aux recettes et autres méthodes universelles ? Y aurait-il une langue qui puisse le mieux en rendre compte, ou s'agit-il de comprendre que ses productions restent éphémères, singulières et contextuelles, au contraire des lois générales idéalisées par les sciences métaphysiques et médicales en plein essor à l'époque de Sophocle ? Comme la physique y est parvenue, les formules que nous devons à Pythagore, à Einstein, sont les clefs d'un savoir-faire, de l'usage de la roue aux avions à réactions. Serait-il possible de formuler pareillement les lois non écrites qui s'appliquent à l'homme lui-même et à sa psyché ?

Question légitime lorsque l'on constate que le projet de la psychologie reste tributaire d'une idéalisation du positivisme scientifique. Jacques Cosnier résume cette histoire : « À la charnière du siècle, la psychologie s'affiche comme discipline scientifique et c'est la méthode expérimentale qui lui fournit sa légitimité institutionnelle ; ce modèle made in Germany est exporté et s'implante dans les grandes universités américaines. Psyché, jusqu'alors pupille affectionnée des philosophes, atteint sa majorité et se voit convoitée par les scientifiques ; l'apparition de laboratoires et l'empressement de chercheurs en blouses blanches sont là pour en témoigner. En fait, cette réussite, pour spectaculaire qu'elle fût, ne pouvait pas cacher trop longtemps ses insuffisances épistémologiques. Les Américains avaient eu besoin d'elle pour obtenir une crédibilité universitaire. Mais il leur fallait d'autre part démontrer que cette « science » forgée dans et pour les universités pouvait être vendable à un public demandeur : l'armée, les écoles, les organismes de soins, l'industrie... Or, cette PAPS (psychologie autoproclamée scientifique) se révélait presque totalement inefficace pour satisfaire les besoins des praticiens. [...] La situation de la psychologie académique était donc inconfortable malgré son discours scientiste, et cela allait aboutir au cours des années 1910 à la fameuse révolution béhavioriste et à l'exil de Psyché. »[44] À ce constat ajoutons la médicalisation du psychisme, jugulant les symptomatiques appels à la connaissance de soi. Exit le symbolique, remplacé par les cortèges rationalisant d'explications. D'une certaine manière, ce n'est là que la répétition de ce qui s'était déjà produit[45] à l'aube de notre civilisation à Athènes.

S'afficher scientifique pour gagner en crédibilité fut un souci qui aura aussi hanté le projet psychanalytique de Freud. Une ambition comblée avec le statut d'universel qu'il confère au complexe d'Œdipe. Entre philosophie et science, il aura choisi son idéal, « par nécessité » dira-t-il plus tard. Plus radicale dans sa reprise dogmatique des éléments théoriques, l'orthodoxie psychanalytique adhère à cette politique, se doublant d'une logique positiviste – pseudo scientifique. Pour Philippe Réfabert, « Ce dispositif de pensée reste ancré dans le sol du positivisme parce qu'il implique qu'au début existent des

---

[44] Jacques Cosnier (1998), *Le retour de Psyché, critique des nouveaux fondements de la psychologie*, Desclée de Brouwer, Paris, pp. 18-19.
[45] Voir *Sophocle thérapeute, la guérison d'Œdipe à Colone*, Génésis Editions 2020, Genève.

pulsions du Moi comme il existe des pulsions sexuelles. Mais pas seulement. Le nouvel aspect du positivisme que nous extrayons du sol des fondations de la psychanalyse tient dans le fait qu'au début, l'appareil psychique fonctionnerait selon des modes primitifs que l'observateur suppose aux phénomènes naturels. »[46]

Sous prétexte d'un principe supérieur de réalité, la dimension symbolique est perdue de vue, tout juste associée à un principe de plaisir infantilisé et coupable. D'après Fabrizio Scarso, « l'écrivain - dit Freud - "se conduit comme un enfant qui joue", mais le psychanalyste - ajoutera Leclaire - "c'est de son fauteuil qu'il écrit", en tant que "non-poète" selon une récente proposition de Nassif. En effet, dans les *Formulations sur les deux principes du cours des événements psychiques*, on lit : "C'est avec l'introduction du principe de réalité qu'une activité de pensée se coupe en deux." La science offre au conquérant "un plaisir intellectuel pendant le travail", tandis que le créateur trouve la chance de l'art : « Dans la fantaisie, il s'autorise à jouer ses souhaits érotiques et ses ambitions. Il trouve par ces biais une façon de rejoindre la réalité : il crée une nouvelle espèce de "choses vraies" ».[47]

Une dichotomisation de la psyché qui interroge : faudrait-il laisser à Faust, à Rimbaud et à Œdipe le privilège de descendre, pour le meilleur et pour le pire, dans les secrets de la Terre-Mère ? À Léonard de Vinci de rencontrer avec Mona Lisa « la femme qui éveillait en lui le souvenir du bonheur et de l'extase sexuelle renfermée dans le sourire de sa mère » ? Et alors, comment passer sous silence cette traversée de la Mère-Terre

---

[46] Philippe Réfabert (2001), *De Freud à Kafka*, Calmann-Levy, Paris, p. 48.
[47] Fabrizio Scarzo (1995), « De l'impair à l'authent-Ich », dans « Le Bloc-Notes de la Psychanalyse », no. 13, *Le père*, Georg, Genève, pp. 144-145.

(Jocaste) par Œdipe, de Thèbes à Colone, que raconte Sophocle ?

Même s'il le déplore, dans l'esprit du psychanalyste un principe de réalité s'impose. Quid de la fonction du poète, du cultivateur de la pulsion, de celui qui, comme Hölderlin, écrit en rouge. « Il est névrosé » celui qui ne saurait retirer sa libido de ses origines pense Freud. Mais que dire de celui qui est coupé de la partie la plus authentique de lui-même, de celui qui, contrairement à l'injonction de Sophocle de ne pas oublier Œdipe, le refoule, ou le dénie ? La névrose ne serait-elle pas garante d'un rapport au sujet en soi, et, à l'autre extrême, le clivage des pulsions libidinales, la perversion la plus abominable, la mascarade la plus diabolique ?

Une telle opposition entre les sphères cognitives et sensorielles n'est pas sans poser problèmes. Comme Emmanuel Schwab[48] le souligne, « si seul ce qui est objectivé, posé en face de soi, a le droit d'être considéré comme réel, on doit comprendre que la question même du nouage à soi risque de devenir irréelle et proprement invraisemblable. Lorsqu'elle est menée sans frein au bout de sa logique, l'exigence séparatrice de la raison conduit à défaire, dissoudre et finalement détruire la possibilité d'un rapport à soi. » Or précisément, le message de Sophocle concerne ce retour à soi, au-delà de l'aliénation propre à la nouvelle civilisation.

Sophocle nous l'explique, une autre autorité, celle des lois non écrites que le poète s'évertue à symboliser, pourrait bien avoir son mot à dire. Pour s'en instruire, encore faudrait-il que l'on prenne la peine de ne pas réduire son œuvre en une simple expression sublimée de « son Œdipe ».

---

[48] Emmanuel Schwab (2011), *Croire avec Freud ?* Labor & Fides, Genève, p.24.

Culture écrite versus culture du renouvellement

Réservant le réel à l'activité scientifique, Freud attribue au « moi » la fonction de sublimer les forces inconscientes. Cette sublimation des pulsions libidinales, honorable au regard de Freud, signe en même temps le renoncement à symboliser le rapport aux origines, son fameux continent noir. La division de la psyché que Freud mentionne soulève le paradoxe d'une double culture où celle moderne aurait le privilège de la réalité alors que celle des arts compterait pour du beurre[49] - contrairement à ce que Freud lui-même en pense.

Une culture alternative, vivante, s'entendrait comme le renouvellement, par le sujet en soi, d'une symbolique répondant aux lois non écrites. Ce sujet échappe à Freud qui en reste au « moi » indispensable à la sublimation culturellement validée.

La perspective phénoménologique offre de nuancer cette dichotomie de la « Weltanschauung » freudienne. À juste titre, Binswanger critique ces deux définitions freudiennes de l'homme : « homo natura » et « homo cultura ». Pour lui, étant donné qu'il s'agit à chaque fois d'un être présent, de l'*ipsé*[50], c'est cette dimension existentielle et symbolique qui prime sur ces deux catégories réductrices. Ce dénominateur commun, c'est-à-dire l'*ipséité* comme réalité première de l'être humain - qui échappe à Freud. Elle seule peut rendre à la psyché sa dimension symbolique et fertiliser son rapport aux lois non écrites. Si Freud « est parvenu à toujours plus découvrir derrière l'*homo cultura* le visage de l'*homo natura*, cela peut seulement signifier, d'un point de vue anthropologique, que nous ne renonçons jamais *totalement* à la vie dans l'*idioscosmos*, à la vie dans la retraite du monde privé, que nous ne

---

[49] Tout comme le discours pervers taxe de symbolique ce qu'il dénigre, comme pour tuer dans l'œuf toute possibilité pour le sujet d'advenir.
[50] Voir la définition de l'*ipsé* et de l'*ipséité* dans le glossaire.

parvenons jamais à nous élever *pleinement* au-dessus de celui-ci. [...] l'homme est autant une essence de la communauté que de la séparation, de l'isolement ; et c'est *entre* ces deux états que la vie le mène, tantôt ci, tantôt là. »[51]

L'interprétation freudienne du mythe d'Œdipe est restée tributaire de cette simple opposition entre culture et nature. Le père de la psychanalyse interprète l'œuvre de Sophocle sans imaginer l'alternative qui consiste à mettre l'accent sur la part du sujet dans le processus de création, sa réécriture de l'Œdipe, plutôt que sur sa manifestation sublimée. Cette réduction est symptomatique de l'oubli du rôle que tient Sophocle dans son « Œdipe » - l'intelligence de l'auteur que Freud méconnaît.

Un passage de ses écrits prête au poète une fonction bien éloignée de celle, artistique et symbolique, indissociable de l'œuvre. Pour Freud, l'auditeur réagit « comme si, par une autoanalyse, il avait reconnu en lui-même le complexe d'Œdipe et démasqué la volonté des dieux ainsi que l'oracle comme des déguisements magnifiant de son propre inconscient. Comme s'il était tenu de se souvenir des souhaits de se débarrasser de son père et de prendre sa mère pour femme à sa place, et de s'en épouvanter. Il comprend aussi la voix du poète comme si elle lui disait : C'est en vain que tu regimbes contre ta responsabilité, te prévalant de ce que tu as fait contre ces intentions criminelles. Tu n'en es pas moins coupable, car tu n'as pu les anéantir ; elles continuent à exister en toi sur un mode inconscient. Et c'est là que gît de la vérité psychologique. Même si l'homme a refoulé ses motions mauvaises dans l'inconscient et aimerait ensuite se dire qu'il n'en est pas responsable, il n'en est pas moins

---

[51] Ludwig Binswanger (1970), *Analyse existentielle et psychanalyse freudienne*, Gallimard, Paris, p. 234.

contraint de ressentir en lui cette responsabilité comme un sentiment de culpabilité dont le fondement lui est inconnu. »[52]

Conrad Stein repère ici l'association au *surmoi* : « la voix du poète, voix de la conscience morale du spectateur, voix d'une instance psychique non dénuée de cruauté, que Freud nommera quelques années plus tard *surmoi*. »[53] Mais dénoncer la culpabilité d'Œdipe, est-ce vraiment là le propos que les spectateurs prêtent à Sophocle ? L'art, qu'il soit littéraire, pictural, musical, ne nous invite-t-il pas plutôt à apprécier l'œuvre du poète et à renouer avec la dimension symbolique des lois non écrites, au-delà d'un discours moderne et moralisateur, prétendument réaliste ? Une nuance que Robert Pignarre repère également entre Goethe et Sophocle : « Chez un Goethe, le tragique est naturellement dépassé, écarté ; on sent l'inaptitude à se placer « au centre de la misère » et à s'y tenir. Le lieu de Sophocle, c'est celui où grandeur et misère se recoupent. »[54] Pour comprendre le sens profond de la légende, il ne faut donc pas, comme Freud et tant d'autres, s'arrêter à la seule lecture de la première pièce de Sophocle, *Œdipe-roi*. Dans cette première partie de son œuvre, Sophocle paraît confirmer un verdict sans appel. Puni pour avoir transgressé des interdits, Œdipe est un bouc émissaire idéal. Si Sophocle semble y souscrire, ce n'est que pour mieux dépasser cette interprétation dans sa seconde pièce, *Œdipe à Colone*. Aller dans le sens des préjugés, comme pour rassurer, et ensuite seulement transcender ce qui semblait être une impasse, voilà un projet à la mesure du génie de Sophocle.

---

[52] Sigmund Freud (1999), Conférences d'introduction à la psychanalyse, Gallimard, 1916-17, Paris, p. 421.

[53] Conrad Stein (1981), « Œdipe-roi selon Freud », préface à *Œdipe ou la légende du conquérant*, de Marie Delcourt, Les Belles Lettres, Paris, p. XVII.

[54] Sophocle, *Théâtre complet*, préface de R. Pignarre, Garnier-Flammarion, Paris, pp. 7-8.

Sans doute s'agit-il ici aussi de distinguer la culture issue d'une symbolisation des lois du vivant de celle, moderne, s'établissant sur ses propres productions sans comprendre la nature de leurs fabrications. Car la modernité avance sa représentation du réel (comme principe de réalité) sans réaliser qu'elle réduit le mouvement fertile en son produit : une politique qui veut recourir aux lois déjà écrites plutôt que de se maintenir dans la réécriture permanente des lois non écrites. À force de se maintenir en exil de la symbolique, comme les Thébains, une telle culture alourdit sa dette envers les sources fertiles du vivant.

Accepter la nature éphémère des fruits de la fécondité situe la jouissance dans l'être plus que dans l'avoir. Une différence que Germaine Memmi observe à propos de l'esthétique des productions artistiques et surtout dans leurs significations non figées. « Pour l'instant, la psychocritique, tout en œuvrant sur des formes artistiques, dont elle élucide en partie l'élaboration, ne s'interroge pas sur leur dimension proprement esthétique. Elle suit en cela surtout celle des deux démarches freudiennes qui prévalut après son étude sur le mot d'esprit. [...] Tout se passe comme si, dans l'approche psychanalytique de l'art, on renonçait d'emblée à l'évaluation esthétique, en vertu de deux convictions freudiennes se corroborant : l'une que l'efficience de la psychanalyse s'arrête aux portes de l'esthétique ; l'autre, que le centre de gravité de l'art reste de toute manière l'inconscient, et la dimension esthétique rien qu'une « prime de plaisir », bref une pièce rapportée, et somme toute négligeable. Notre étude critique au contraire, nous a convaincu que la dimension esthétique demeure essentielle en art. C'est en elle que réside la spécificité artistique, et l'expression libidinale, franche ou larvée, compte sur son concours. »[55] Bien évidemment que l'esthétique et le style de Sophocle sont indissociables de son

---

[55] Germaine Memmi (1996), *Freud et la création littéraire*, l'Harmattan, Paris, pp. 295-296.

œuvre, elles sont mêmes garantes de la présence d'un sujet dans l'écriture de l'antique légende. Tout y est dit, jamais répété, le texte de Sophocle avance inexorablement, les uns après les autres, les éléments qui emmènent le spectateur aux frontières de la rationalité et fait l'admiration des spécialistes depuis plus de deux milles ans.

L'oubli du symbolique dans la culture

Freud n'analyse peut-être pas assez la source d'une productions symbolique opérante, c'est-à-dire le sujet en soi, Il n'imagine pas l'alternative qui serait celle d'une intégration face au refoulement imposé par la culture moderne dont il reconnaît les bienfaits civilisateurs. Le discours rationnel qui fonde son « principe de réalité » l'éloigne de la dimension originaire du symbole, de ce terrain propice à l'échange entre sujets, où l'auteur trouve son inspiration sans refouler ses forces libidinales, sans exclure les rapports au féminin ou au masculin.

Pour Fawzia Assaad, « l'ordre freudien à partir duquel s'exerce le pouvoir de la parole et de l'art est essentiellement patriarcal, étranger au continent féminin tout autant qu'il peut l'être au monde animal. Subjugué par sa conception du totem, Freud dénonce l'animisme là où il s'agit de métaphore ou de valeur symbolique, au point de ne rien comprendre au foisonnement des métamorphoses. Si, dans le récit du mythe égyptien, un animal sert d'attribut à l'autre, plutôt que de mettre en cause sa rigide interprétation, Freud soupçonne la confusion de ces "dieux locaux venant de l'époque où le pays était morcelé en une quantité de districts, comme s'il n'avait pas encore achevé son évolution à partir des antiques animaux totémiques". [...] Chez les anciens Égyptiens, la maîtrise de la psychologie animale est étonnante. Si dans le voyage de la nuit, l'Osiris se métamorphose en lion ou en grand chat, c'est que le félin a la capacité de capter les lumières de la nuit et que son agressivité le rend capable de tuer le serpent de l'obscurité. La vénération d'une bête trouve son fondement dans le pouvoir qu'elle possède et qui viendrait s'ajouter au pouvoir d'un autre animal, et à celui du couple dieu déesse pour composer ce mythe du surhumain, garant du retour de la vie.»[56]

Aujourd'hui, l'interprétation freudienne du mythe d'Œdipe mérite d'être reprise dans une perspective plus symbolique, en deçà des alinéations culturelles. C'est dans cette dimension que l'on pourra mieux reconnaître l'apport de Sophocle, l'usage personnel qu'il fait de cette thématique pour mettre en exergue la naissance du sujet. Au contraire, quand Freud entérine la culpabilisation des pulsions enfantines comme source potentielle de criminalité, les choses ne sont pas entendues à titre symbolique. Dommage que de manière aussi rapide, les pulsions ambivalentes qu'éprouve l'enfant dans sa relation à ses parents soient recouvertes d'un tabou, sans envisager d'autres significations, celle d'une aliénation transgénérationnelle par exemple. En effet, le drame œdipien s'inscrit dans un contexte particulier et à la suite d'événements ayant eu lieu bien avant la naissance d'Œdipe et qui implique quatre générations. Œdipe qui se retrouve à la place de son père sur le trône de Thèbes et dans le lit de Jocaste n'est bien évidemment pas à sa place, ni en train d'accomplir un destin qui lui serait propre. Empêché d'être lui-même, il est un autre, c'est-à-dire qu'il est aliéné. Du reste, c'est précisément parce qu'il n'est pas né en tant que sujet que Œdipe est à la merci de l'ancien régime matriarcal, fusionnel et incestueux, parricide parce que privé de père et de son verbe, obligé de le remplacer auprès de la mère pour assumer la continuité des cycles de la vie dans l'ancien régime totalitaire matriarcal. Le parricide et l'inceste d'Œdipe apparaissent comme des symptômes qui concentrent des lacunes chez les parents qui ne savent donner naissance au sujet dans

---

[56] Fawzia Assaad (1997), « Freud et les mythes égyptiens », dans *Mythes et psychanalyse*, Cerisy, IN PRESS, Paris, p. 103.

l'enfant. Nous le verrons, de Thèbes à Colone, Sophocle nous présente le modèle d'une aliénation transgénérationnelle portée à son comble pour ensuite nous donner les clés du processus de guérison.

La tentative d'infanticide de Laïos s'inscrit elle aussi comme l'expression d'une aliénation transgénérationnelle. Celle-ci trouve son origine dans les événements tragiques relatifs à la succession au premier roi de Thèbes, Cadmos. La lignée des Labdacides, depuis Polydoros jusqu'aux fils d'Œdipe, sera en effet marquée par un événement non intégré dont les effets s'amplifieront. Cette lignée, tout comme la population thébaine, abusera du refoulement d'une ancienne tragédie prête à se rejouer en tout instant. Cet oubli aura pour conséquences une division grandissante de la psyché sur plusieurs générations pour produire cette paranoïa chez Laïos, moteur de son passage à l'acte sur Œdipe.

La lignée des Labdacides est représentative d'une psyché coupée de sa source fertile, dont la dette s'accroît jusqu'à ce que, tôt ou tard, son passif lui soit signifié. Et si Freud reconnaît le surmoi comme héritier du surmoi parental, il ne réalise pas qu'une telle transmission amplifie les lacunes dans le rapport aux origines. Le refoulement se durcit à chaque génération, conduisant au déni par exemple. Les nouvelles générations sont alors toujours plus susceptibles de subir le retour dans le réel de ce qui fut éludé chez les ancêtres. L'accumulation des lacunes d'intégration décuple la problématique œdipienne et impose à la collectivité une aliénation transgénérationnelle qui deviendra culturelle.

Comme nous le verrons, dans la perspective symbolique, qui est celle du mythe et de l'œuvre de Sophocle, le passage à l'acte d'Œdipe est clairement annoncé comme le résultat d'un manque qui remonte à plusieurs générations. Tous les auteurs de l'Antiquité mentionnent la présence de cet *até*[57] dont Œdipe est l'héritier. Si son refoulement fonctionne à l'échelle d'une ou deux générations, sur le long terme, cette lacune dans le rapport aux origines génère symptômes et passages à l'acte. Sublimer le rapport aux origines pour un idéal reste une solution boiteuse comme l'illustrent les Labdacides dans la légende de Thèbes. Et quand, grâce à l'oracle, le rapport père-fils accède au langage, même s'il reste formulé dans les termes d'un conflit ouvert, cela peut constituer une étape vers son intégration. Armando Verdiglione défend cette première verbalisation comme garde-fous : « si l'on ôte du langage le filicide, l'infanticide se fait nécessaire dans l'institution, dans la pédagogie et dans les familles afin qu'elles soient bonnes. Le massacre est nécessaire afin que le peuple existe » et pareillement du côté du fils « une fois le parricide ôté du langage, la mise à mort est visée dans la réalisation. »[58] Clairement, et les psychothérapeutes le vérifient au quotidien, la liberté de parole est l'antidote du passage à l'acte. Confondant le registre de l'acte avec celui de la parole, les mesures qui viseraient à en restreindre l'expression se rendraient responsables des passages à l'actes de ce qui n'a pu s'exprimer dans un espace de parole.

Du risque d'un passage à l'acte, comme c'est le cas entre Laïos et Œdipe, pour évoluer vers sa verbalisation, ce rapport père-fils reste tributaire d'une transmission du rapport aux origines. Indice qui ne trompe pas, l'exil d'une telle symbolique exclut également le rapport au féminin. Le lien aux origines ne saurait pourtant se priver du matriciel et de la mère. À propos de ce lien, il est de bon ton d'avancer un interdit, ou un déni, du genre « l'inceste, ça n'existe pas ». Alors le rapport à l'originaire est-il démonisé, exclu du champ de la parole, ou entendu

---

[57] L'*até* est un mot grec qui désigne une malédiction frappant une famille sur plusieurs générations.
[58] Armando Verdiglione (1983), *La liberté que je prends*, Gallimard, Paris, p. 62.

comme culpabilité œdipienne. À maintenir le rapport filial dans cet exil, l'orthodoxie psychanalytique, comme la psychologie, perd de vue la dimension symbolique de la psyché. Nicolas Abraham et Maria Torok formulent cette réalité comme un doute, sans l'exclure : « il importe aussi de souligner que, si la formation œdipienne est une « histoire » que l'enfant se « raconte », il le fait selon les contingences des codes culturels déjà en vigueur. [...] On peut se demander, en effet, si le fait pour l'enfant de faire intervenir cette « instance interdictrice (prohibition de l'inceste) qui barre l'accès à la satisfaction naturellement cherchée et lie inséparablement le désir et la loi » ne relève pas du contenu manifeste de son discours et si, en s'arrêtant à ce niveau de l'interprétation, on ne reste pas redevable de la mise à jour du contenu latent, pièce maîtresse du symbole qui fonctionne entre l'Enveloppe et le Noyau. Certes, le jeu de contraste qui, dans ce cas, oppose désir et interdit, relève des exigences de la discursion, au moyen de laquelle l'enfant se fait entendre. Mais, prendre à la lettre son discours ne reviendrait-il pas à entériner l'ordre social et moral où s'inscrit l'expression de son fallacieux souhait et à le condamner lui-même à subir inexorablement la sanction de son propre verdict ? La psychanalyse dépasserait alors, en bigoterie, les religions les plus arriérées et, en conservatisme, les partis les plus réactionnaires. Pour que l'enfant, devenu adulte, ne soit pas pris à son propre jeu de démonstration et ne se fige, lui et la société qu'il constitue, dans cette structure relationnelle qu'à la fois il présuppose et tend à perpétuer, il est impératif qu'il puisse revivre le moment inaugural dans lequel s'est ancrée sa pseudologie. »[59]

Un « moment inaugural » qui mérite assurément d'être revisité. Pour Philippe Réfabert, « quand il écrit que tous les hommes ont rêvé de coucher avec leur mère, Freud énonce une

---

[59] Nicolas Abraham et Maria Torok (1987), *L'Écorce et le Noyau*, Flammarion, Paris, pp. 223-224.

loi irréfutable. Mais elle est fausse parce que seuls rêvent de coucher avec leur mère ceux dont le lien qui les unit à leurs parents est détruit. »[60] Autrement dit, le désir d'inceste manifeste un manque d'intégration du rapport aux origines, à la figure de la mère, et, à travers elle, à l'ensemble des héritages transgénérationnels. Posé en ces termes, le rapport à la mère est restauré dans sa dimension symbolique, rendu pensable sans céder à l'interdit patriarcal.

À l'encontre du discours moderne, loin de stigmatiser le désir apparent de l'enfant, d'aucuns y trouvent l'expression d'une véritable eau de vie. Par exemple, Georg Groddeck avance que « tant que le Ça s'exprime, que ce soit dans l'œuvre d'art ou dans la maladie, nous sommes toujours en présence de la vie. »[61] Otto Rank aussi considérait les désirs incestueux de l'enfant comme préludes à la créativité de l'artiste où « les impulsions incestueuses ne doivent en aucune façon être considérées comme pathologiques mais comme relevant des expressions les plus primitives de la vie pulsionnelle et spirituelle de l'homme »[62]. Pour Joseph Campbell ce rapport aux origines donne matière à la mythologie : « Quand notre lien à l'univers nous semble aussi complet et naturel que celui qui rattache l'enfant à sa mère, nous sommes en accord, en harmonie avec tout l'univers. La tâche première de la mythologie est justement de susciter cette harmonie et cet accord, et de les préserver. »[63] Toujours à propos de pulsions œdipiennes,

---

[60] Philippe Réfabert (1997), *Les travaux d'Œdipe*, L'Harmattan, Paris, p. 108.

[61] Georg Groddeck (1984), *Psychanalyste de l'imaginaire*, Payot, Paris.

[62] Otto Rank, « Inceste et créativité littéraire », dans *L'inceste : un siècle d'interprétations*, sous la direction de J.-P. Bronckard, Delachaux et Niestlé, Lausanne-Paris, 1996.

[63] Joseph Campbell (1993), *Les mythes à travers les âges*, Le Jour, Paris, p. 7.

Mario Cifali note également qu' «Éros illumine plutôt qu'il n'éteint l'accès à la parole. »[64]

Pour le dire brièvement, la mise à l'index du symbolique dans le discours de la psychologie académique[65] ainsi que dans celui de l'orthodoxie psychanalytique est symptomatique d'une aliénation moderne. Leurs aspirations, trop conformes aux valeurs de notre culture, limitent *de facto* leurs approches de la psyché. Pour elles, la symbolique des lois non écrites, à laquelle ils aspirent sans le savoir, est abandonnée telle une utopie pour lui préférer un soi-disant principe de réalité, conforme aux lois écrites. Autrement dit, tributaire d'un souci de conformité, leur discours tend à s'éloigner des fondations symboliques de la psyché. Dans un tel contexte, il s'agit bien sûr de revenir de l'exil de la modernité pour redécouvrir les lois non écrites, par exemple celles transgénérationnelles.

Les phénomènes transgénérationnels opèrent un trait d'union à ces deux registres, lois écrites versus non écrites, à la *Persona* faisant face au *style Nirvâna*[66]. Au carrefour des lois du vivant et des lois nouvelles, une science du transgénérationnel pourrait ramener la paix dans le couple d'Éros et de Psyché. Car point n'est besoin d'en appeler au critère scientifique lorsque c'est l'expérience de la connaissance de soi qui opère pour nous émanciper de nos aliénations. Cet enseignement pourrait bien arbitrer les partis et offrir de dépasser les conflits idéologiques et transférentiels. Comme nous allons le voir, entre les lois non écrites et celles écrites, existe une zone

---

[64] Thierry Gaillard (2003), *La notion d'inceste castré dans Freud face au juge fou de Mario Cifali, présentation et interview de l'auteur*, Cliniques Méditerranéennes no. 68, Érès, Paris.
[65] Sauf exceptions parmi lesquelles le projet d'une psychologie écologique de Gregory Bateson, les courants phénoménologiques, culturels, etc.
[66] Des définitions de la *Persona* et du *style nirvâna* sont proposées dans le glossaire.

franche, objet de notre attention et royaume d'élection d'un Œdipe rendu à sa valeur symbolique.

Filiations matrilinéaire et patrilinéaire

Pour avancer dans cette analyse, revenons sur la question de la filiation et l'avènement du patriarcat. Du mystère de la Déesse-Mère, fertile, engendrant des enfants et tout autant responsable des cycles de la nature ainsi que du processus entier du renouvellement de la vie, jusqu'à l'avènement d'une culture patriarcale, c'est la conscience de la différence des sexes et de leurs fonctions différenciées et complémentaires qui va jouer un rôle essentiel. Georges Dubal résume la situation de départ en ces termes : « Le rôle de l'homme longtemps ignoré dans la procréation, c'est la mère qui était le réceptacle des esprits qui venaient se réincarner. Tous les peuples primitifs ont cru à la réincarnation. Pendant des siècles, ce furent les filles qui eurent le droit de succession, et Hérodote raconte que de son temps les Lyciens nommaient encore les enfants d'après la mère. Dans cette communauté sans bornes, tous les hommes sont frères et "la personne" individuelle n'est pas encore issue des personnes collectives. »[67]

La culture patriarcale s'établit sur la nouvelle conscience du rôle de l'homme dans la procréation, reconnaissant le lien de cause à effet de ses activités sexuelles. En réalité, la conscience de son rôle dans la procréation va l'obliger à advenir comme père, c'est-à-dire comme le père d'un sujet dans l'enfant. En effet, au-delà du registre biologique reconnus aux mères, c'est celui d'un verbe édificateur de sujet qui est ici requis. Nous allons l'analyser, la légende de Marduk en Mésopotamie raconte cette révolution par le verbe, qui sera reprise dans la bible. Aux

---

[67] George Dubal (1999), « Psychanalyse de dieu » dans *Le Bloc-Notes de la psychanalyse*, no, 16, La culpabilité de dieu, Georg, Genève, p. 163.

deux parents une nouvelle fonction, édificatrice leur est ainsi signifiée. Advenir en tant que parent édificateur s'inscrirait ainsi dans la continuité d'un développement en tant que sujet, comme Œdipe lorsqu'il devient le bienfaiteur de ses hôtes à Colone.

Les premières traditions attribuaient à la Terre-Mère le miracle de la fécondité. Les croyances qui s'y rapportent se développerons dans de nouvelles formes religieuses. En tout cas, cette première délégation à des forces externes donne le modèle d'un recours au divin qui expliquerait la fonction créatrice. L'adoration d'abord vouée aux Déesses mères se tournant ensuite vers des Dieux pères, l'exclusivité de la fonction divine se généralise du féminin au masculin.

Comme la femme, l'homme devenant redevable aux dieux de son aptitude à procréer, son enfant en sera d'autant plus porté à se penser comme progéniture de l'idéal parental. En ce sens, l'idéal qu'il développe au contact de l'imperfection parentale ne fait que rejoindre la manière par laquelle ses géniteurs l'auront conçu. Que la conscience chez l'homme de sa participation à la procréation précipite ce dernier dans une instrumentalisation divine (ou religion financière et pharmaco-médicale de nos jours), s'explique par les manques dans le rapport aux origines, hérités de ses propres parents. Freud avait repéré que de l'imperfection du rapport aux parents surgissait dans la psyché de l'enfant la nécessité d'un idéal. Palliatif aux frustrations spirituelles de la petite enfance, cet idéal prend la forme d'un besoin de croire - sur lequel repose tout l'édifice métaphysique. Que cette névrose trouve à s'étayer sur des représentations économiques, pseudo religieuses, scientifiques ou autres ne change pas grand-chose à l'affaire. Il s'agit toujours de compenser un manque relatif aux origines, cet exil du symbolique qui aliène le sujet en manque d'advenir. Freud l'avait analysé comme s'agissant d'une nostalgie du père. « Il est facile de démontrer que l'idéal du moi satisfait à toutes les exigences posées à l'essence supérieure de l'homme. Formation substitutive qui remplace la nostalgie pour le père, il contient le germe à partir duquel toutes les religions se sont formées. »[68] Dans une lettre à Jung, Freud précise encore « je médite sur l'état de détresse infantile comme source du besoin religieux chez l'homme. »[69] Le recours à la figure du père idéal, avec les religions et avec la croyance métaphysique de façon générale[70], s'entend comme *pharmacos* de la condition humaine.

À propos de l'instauration du patriarcat, notons encore le passage des lois non écrites vers celles écrites. Cette transformation, dont les tables de la loi de Moïse sont une illustration majeure, se prolonge maintenant dans le registre légal. « Tout est en place pour que la pièce se joue selon le scénario habituel - avec des variantes - scénario que le droit romain viendra en partie valider : "Pater incertus sed mater certissima." Le corps de la mère prouve, celui du père ne suffit pas à fonder la paternité : la parole intervient. Parole maternelle tout d'abord, mais qui se borne à désigner le père. Sa parole à lui prend le relais. Celle, sauf cas particulier, qu'enregistre la loi, en même temps que le nom du père, du moins dans nos sociétés. »[71]

Didier Dumas[72] résume lui aussi cette transformation historique, début d'une culture écrite. « Aux premiers temps de la civilisation, la société est constituée de clans matrilinéaires dans lesquels la seule filiation reconnue est celle de la mère. Mais comme ces clans n'arrêtent pas de se combattre et de

---

[68] Sigmund Freud (1923) « Le moi et le ça » dans *Essais de psychanalyse*, Payot, Paris, pp. 249-250.

[69] Correspondance du 2.9.1910.

[70] Martin Heidegger, « Identité et différence » dans *Questions I*, Gallimard, 1968, Paris.

[71] Jacqueline Rousseau-Dujardin (1994-1995), « Distribuer des rôles », dans *Le Bloc-Notes de la Psychanalyse*, no, 13, Le père, Georg, Genève, p. 28.

[72] Didier Dumas (2001), *La bible et ses fantômes*, Desclée de Brouwer, Paris, p. 111.

s'entre-tuer, on ne peut vivre à cette époque sans la protection des guerriers. Les premières sociétés sont donc matrilinéaires, mais le pouvoir y est néanmoins aux mains des hommes qui assurent la protection du clan. Elles le restent jusqu'au moment où l'homme vivant avec la femme, découvre que l'enfant qu'elle met au monde lui ressemble, qu'il existe une continuité d'identité entre lui et cet enfant sorti d'un autre corps que le sien. Le passage du matrilinéaire au patrilinéaire témoigne de cette prise de conscience qui joue un rôle important dans l'histoire des peuples et des civilisations, car la découverte du rôle joué par l'homme dans la reproduction est concomitante de l'apparition de l'écriture, et avec elle, de systèmes juridiques moins simplistes que la loi du talion. »

La fonction édificatrice parentale

Si la conscience de leur rôle dans la procréation transforme le rapport entre les sexes, il serait réducteur d'en déduire qu'il s'agit uniquement d'un désir de contrôle des hommes sur les femmes. Il faut plutôt comprendre cette révélation comme une nouvelle obligation faite aux hommes d'assumer une fonction édificatrice inédite, indispensable à la naissance du sujet dans l'enfant. Alors que la procréation maternelle se passait de commentaires, la conscience de son rôle parental engage l'homme dans cette fonction nouvelle, édificatrice. Jusqu'ici les rituels collectifs opéraient la transformation des enfants en adultes, l'accès à l'opérativité symbolique transmise à cette occasion. Si Peter Sloterdijk dénonce à juste titre la modernité comme une expérience anti-généalogique[73], encore faudrait-il n'y voir qu'une conséquence des lacunes de transmission parentale, qui comme Laïos, Jocaste, Ploybe et Mérope, anti-édificateurs. Non seulement ils ne transmettent rien de la vérité

---

[73] Peter Sloterdijk (2018), *Après nous le déluge, Les Temps modernes comme expérience antigénéalogique*, Payot, Paris.

de sa préhistoire à Œdipe, mais de surcroit ils cultivent le secret de ses origines, comme pour définitivement lui transmettre une « malédiction familiale » et lui assurer le plus sombre des futurs.

Face à la toute-puissance aliénante matriarcale, les deux parents devraient dorénavant assumer cette nouvelle fonction de transmission et d'édification du sujet chez l'enfant. Une condition pour que celui-ci n'ai pas à pallier leurs lacunes, en remplaçant un père sur le trône de Thèbes, ou en partageant le lit de sa mère, comme ce qui est arrivé à Œdipe. Car en effet, à défaut de donner naissance au sujet chez l'enfant, celui-ci sera laissé dans la position incestueuse et parricide, soumis au régime matriarcal que l'oracle dénonce même si plus personne ne semble capable de le comprendre.

Cette fonction édificatrice, du verbe, se retrouve dans la mythologie babylonienne de la Création. Avant d'être le nouveau chef des dieux, Marduk doit subir une épreuve déterminante. Celle-ci consiste à vérifier le pouvoir de sa parole. Sur un ordre que prononce sa bouche, Marduk doit d'abord détruire un vêtement. Il doit ensuite, toujours sur un ordre sorti de sa bouche, faire réapparaître le vêtement dans son intégralité. En réussissant cette épreuve, Marduk détrône la Grande Mère, Tiamat, jusqu'ici seule à régir l'univers. Le premier geste de Marduk fut alors de séparer la Déesse-Mère pour d'une part créer le ciel, et d'autre part, créer la terre et toutes ses composantes. C'est entre ces deux pôles que l'homme et la vie terrestre s'épanouira. Erich Fromm[74] explique l'importance et la portée du mythe de Marduk. « Afin de vaincre la mère, l'homme doit prouver qu'il n'est pas inférieur, qu'il jouit, lui aussi, du don de produire ; mais puisqu'il ne possède pas le sein qui peut produire, il lui faut produire d'une autre façon : c'est par la bouche, par sa parole, par sa pensée, qu'il va « créer » [...] Le

---

[74] Erich Fromm (2002), *Le langage oublié*, Payot, Paris, p. 220-222.

mythe biblique commence là où s'achève le mythe babylonien. La suprématie des dieux mâles est établie et à peine subsiste-t-il des traces du règne antérieur du matriarcat. L'épreuve de Marduk est devenue le thème principal de l'histoire biblique de la Création. Dieu a créé le monde par sa parole. »

Sans revenir sur l'histoire des différents mythes de création, nous pouvons comprendre de quelle manière la fonction édificatrice, chez les deux parents, s'ajoute à la fonction reproductrice biologique. Lorsqu'il fait appel à l'image d'un dieu-père, l'homme s'engage d'une première manière vers la nécessité à assumer son rôle dans la procréation jusqu'à ce qu'il puisse éventuellement assumer ce rôle édificateur. La conscience nouvelle du rôle de l'homme dans la procréation est aussi une problématique inédite pour les femmes, qui se trouvent soudainement confrontées à la participation de l'autre, et face à une nouvelle réalité qui nécessite elle aussi d'être intégrée.

Cette alternative à la toute-puissance biologique matriarcale offre, autant à l'homme qu'à la femme, d'accéder à une fonction édificatrice. Ainsi, ce n'est peut-être pas simplement l'homme qui prendrait le pouvoir sur les femmes, mais plutôt le début d'une fonction symbolique qui viendrait compléter les fonctions biologiques de reproduction. Une nouvelle fonction dont le champ d'application se situe entre une transmission privée de verbe et celle qui serait idéalement édificatrice et fertile. Entre le patriarcat et le matriarcat, le véritable enjeu concerne l'advenir du nouveau sujet. Car l'enfant aliéné par un manque de cette fonction édificatrice chez ses parents se retrouve dans une position incestueuse et parricide, comme Œdipe. À l'image des cycles des saisons célébrés dans le culte de Déméter, le père court alors le risque d'être remplacé, voir supprimé. Ainsi a-t-il de bonnes raisons de vouloir accéder à une fonction de père édificateur pour gagner un nouveau statut et laisser la place aux nouvelles générations. En accédant à sa fonction de père édificateur, il gagne pour lui-même d'entrer dans l'histoire, comme Œdipe à Colone, ou aux *Champs Élysée* comme Cadmos. C'est bien une part d'immortalité que les hommes ravissent aux dieux lorsqu'ils deviennent ainsi des pères édificateurs, futurs bons ancêtres dont la mémoire sera célébrée longtemps après leur mort. Le mythe de Prométhée raconte de quelle manière, lorsqu'il leur donne le feu sacré des dieux, le Titan offre aux hommes de pouvoir fonder un foyer, de devenir des pères de famille. En détenant leur propre foyer (Hestia), le cœur symbolique indispensable à la vie collective, les hommes prenaient aux dieux une part de leur immortalité car ils pouvaient dorénavant eux aussi créer l'histoire de leur famille. Le feu sacré que Prométhée offre aux hommes se rapporte directement à cette fonction édificatrice chez l'homme, si importante pour d'une part entrer lui-même dans l'histoire comme père, et d'autre part donner vie au sujet chez son enfant. Il lui évite ainsi d'être aliéné des lacunes parentales et d'avoir à le remplacer (parricide) comme cela fut le destin d'Œdipe.

Si l'opposition simpliste entre matriarcat et patriarcat devait déboucher sur une nouvelle synthèse, ce serait bien celle du verbe et d'une fonction édificatrice, concernant autant les femmes que les hommes. Tout le travail d'intégration transgénérationnel se déploie dans cet espace entre la filiation biologique et celle symbolique, non pas pour les opposer, mais pour donner au sujet les moyens d'advenir et de se développer.

Lecteur de la symbolique biblique, Didier Dumas découvre des correspondances avec les enseignements psychanalytiques et analyse les destins de Caïn et Abel. « Le tragique destin de ces deux premiers enfants n'a nulle autre cause qu'un lourd déficit de la parole, dû au fait que leurs parents ne les ont pas conçus sur le mode où Dieu les a créés, une première fois dans la parole et une seconde dans le corps. [...] En présentant l'homme comme un individu fabriqué en deux temps, la Bible propose, en effet, un modèle tout à fait précis de la conception de l'enfant. Il faut, dit-elle, le faire sur le mode où Dieu a conçu l'homme et la femme, en premier dans la parole et en second dans le corps. En d'autres termes elle explique que la conception d'un enfant est forcément double, mentale et corporelle, matérielle et immatérielle. Mais que, de plus, la première de ces deux conceptions, la *conception immatérielle* de l'enfant, est tout aussi fondamentale que sa *conception matérielle.* Car comme la psychanalyse le met tous les jours en lumière, les paroles et les fantasmes avec lesquels nos parents nous ont conçus marquent beaucoup plus ce que nous sommes que le coït dans lequel ils ont matérialisé ce désir »[75].

Avant de prendre cette forme particulière que les religions donnent au symbolique, l'idée du mouvement créateur de la psyché, proactive, se trouvait aussi dans la mythologie égyptienne. Dans son commentaire d'une fresque égyptienne, Thierry Énel dit du disque solaire ailé ayant un hiéroglyphe d'enfant à son centre que « ce signe représente le *logos*, c'est-à-dire l'enfant, la parole incarnée. »[76] Pour cet auteur, cette conception se retrouve dans cette parole de l'évangile de Saint Jean : « Et le Verbe fut chair », exemple d'une reprise religieuse du symbolisme égyptien.

Tournons-nous encore vers Ernst Cassirer dont la pensée accorde à cette fonction créatrice la place qu'elle mérite. Pour ce philosophe, le savoir-faire du symbole renvoie à la fonction de création d'un monde qui serait à l'image de ce que nous parvenons à symboliser. Une perspective s'appliquant au fameux « désir d'enfant », où l'existence symbolique précède celle biologique. Une fonction symbolique offrant aux humains d'être parents sans devoir en passer par le biais d'une croyance en l'intervention d'un agent extérieur. Ernst Cassirer explique :

---

[75] Didier Dumas (2001), *La bible et ses fantômes*, Desclée de Brouwer, Paris, p. 65.
[76] Thierry Énel (1947), *Les origines de la Genèse et l'enseignement des temples de l'ancienne Égypte*, G.-P. Maisonneuve & Larose, Paris, p. 304.

« Car la volonté historique elle-même n'est pas possible sans un acte de l'« imagination productrice » de même que de son côté l'imagination ne peut devenir vraiment créatrice que là où une impulsion vivante de la volonté la détermine et lui donne des ailes. La conscience historique repose ainsi sur une interpénétration et sur une interaction de l'activité et de l'imagination : sur la clarté et la sûreté avec lesquelles le moi est capable de projeter devant soi l'image d'un être futur et de régler tous ses actes sur cette image. On y retrouve toute la force et la profondeur du mode de « représentation » symbolique : car c'est ici le symbole qui court pour ainsi dire au-devant de la réalité, qui lui montre et lui fraie la voie. Il ne ramène pas simplement son regard sur ce qu'elle est et a été, mais se charge bel et bien en un moment et en un thème du devenir réel lui-même. »[77]

Qu'en est-il pour Œdipe de cette symbolique parentale qui l'accompagne depuis sa naissance et même avant d'être conçu ? La chose à son importance, elle ne manquera pas, comme l'explique Ernst Cassirer et tous les analystes transgénérationnels, de conditionner la vie et le destin d'Œdipe. Œdipe sera parricide et incestueux ! Voilà les croyances de Laïos et de Jocaste lorsqu'ils pensent à leur fils. C'est même là une condition pour guérir de leur problème de stérilité, pour donner vie à un fils ! En effet, l'oracle qui est consulté pour remédier au problème de stérilité du couple prévient que s'ils ont un enfant, ce dernier sera parricide et incestueux. C'est là un point capital de l'analyse transgénérationnelle du mythe d'Œdipe qu'il nous faudra clarifier dans le prochain chapitre. Surtout que Freud et toute la pensée moderne va reprendre cette croyance et attribuer à tout nouveau-né cette prédisposition à l'inceste et au parricide. Mais ne serait-ce pas plutôt celle-ci, la projection

---

[77] Ernst Cassirer, *La philosophie des formes symboliques*, tome 3, la phénoménologie de la connaissance, Les Éditions de Minuit, 1972, Paris, p. 208.

parentale, qui serait à l'origine du destin que l'on a beau jeu d'incriminer par la suite ?

La fonction de père bienfaiteur d'Œdipe à Colone

À l'inverse de ce que Laïos et Jocaste transmettent à leur fils, Sophocle présente à la fin d'*Œdipe à Colone* cet héritage positif, bienfaiteur, qu'Œdipe va transmettre à Thésée son fils spirituel. Toute la métamorphose d'Œdipe, de Thèbes à Colone, tient à ce renversement de la situation : celui qui fut privé de parents édificateurs qui lui eût permis d'advenir en tant que sujet, devra passer par les pires épreuves pour apprendre à se connaître et renaître, et pour finalement réussir à transmettre un héritage positif à son successeur.

Transmettre un héritage édificateur par le biais d'un message symbolique, c'est aussi ce à quoi Sophocle s'est employé avec sa version du mythe d'Œdipe. Avons-nous jusqu'ici seulement approché cet aspect de son œuvre ? N'avons-nous pas plutôt abusé de son œuvre pour, au lieu d'y reconnaître sa symbolique, l'enfouir plus radicalement encore sous les préjugés ? Au lieu de l'interpréter comme manifestation du complexe d'Œdipe de l'auteur, ayons la générosité d'analyser à nouveau son œuvre sans oublier la pièce qui fait suite à *Œdipe-roi*, celle d'*Œdipe à Colone*. Ne nous arrêtons pas avec *Œdipe-roi* en faisant comme les Thébains, étrangers à eux-mêmes, c'est-à-dire au sujet en eux. En exilant Œdipe, ils refoulent ce qui leur rappellerait leurs propres origines. Inspirons-nous plutôt des Athéniens qui évitent de le réduire à cette fonction de bouc émissaire, incarnation du parricide et de l'inceste, économie préjudiciable du rapport aux origines. Avec Thésée, les Athéniens accueillent Œdipe en tant que sujet et ils en seront récompensés. Eux-mêmes savent quelque chose de la dimension symbolique et des lois non écrites. Comme c'était la coutume pour les héros, Œdipe était l'objet d'un culte à Colone, ville natale de Sophocle. Il est bon de se souvenir d'Œdipe si l'on en croit cette parole dans le final d'*Œdipe à Colone* : « ne m'oubliez pas, même mort, si vous voulez que la prospérité reste votre lot à jamais »[78]. Sophocle est explicite : pour qui n'oublie pas Œdipe, c'est-à-dire pour qui ni ne le refoule ni ne le dénie, la prospérité est garantie - contrairement aux autres Laïos, Créon, Étéocle et Polynice qui sacrifient « leur Œdipe ».

Le contraste que Sophocle met en avant est explicite. Du côté des Thébains, l'option de stigmatiser l'aliénation d'Œdipe et de l'exiler montre de quelles manières les lois nouvelles abusent de leur pouvoir de refoulement. Les Thébains eux persistent et signent leur soumission inconsciente. Se fiant aux seules lois écrites, ils sacrifient avec Œdipe leur propre rapport aux origines. De l'autre côté, à Athènes, au lieu de refouler Œdipe, Sophocle propose de l'accueillir en tant que sujet et de prendre soin de sa mémoire de sorte qu'il trouve sa place dans l'histoire. Comme s'ils vivaient dans la grâce de la dimension symbolique, les Athéniens sont capables de reconnaître la part du sujet en Œdipe. De Thèbes à Athènes, l'œuvre de Sophocle propose cette alternative au refoulement œdipien. Elle offre à Œdipe d'entrer dans l'histoire, une histoire qui traverse les époques sans perdre de son intérêt, telle la promesse d'un bienfait pour qui comprendrait la sagesse de l'œuvre.

Afin de dépasser cette propension à se satisfaire d'un Œdipe oublié et portant la charge d'un manque de fonction édificatrice parentale et culturelle, répétons-le, évitons de réduire l'œuvre de Sophocle au discours moderne. À mon sens, elle témoigne d'une intégration des problématiques associées au mythe. Sa connaissance des lois transgénérationnelles, telle qu'elle transparaît dans son œuvre, démontre que Sophocle n'a pas simplement sublimé la thématique œdipienne de l'inceste et du parricide, mais qu'il s'est attaché à l'intégrer. Sophocle en

---

[78] Sophocle, *Tragédies*, Gallimard, Paris, 1973, pp. 402-403.

effet avait saisi, à la manière du poète, les dynamiques transgé-nérationnelles sous-jacentes au destin œdipien. Ses deux pièces s'organisent comme pourrait le faire un développement de la connaissance de soi qui serait en même temps processus de désaliénation. Face à la peste, Sophocle confronte Œdipe aux origines de ses aliénations transgénérationnelles. Son intelli-gence appréhende ainsi la problématique transgénérationnelle, se joue des limites modernes, transcende les frontières de l'inceste, du parricide et du fratricide, pour accéder aux sources de la naissance du sujet. Ici s'enracine la dimension symbolique de son œuvre, le fruit du verbe d'un Sophocle tellement génial qu'il ne pouvait qu'échapper à l'entendement du plus grand nombre.

La connaissance des lois transgénérationnelles ne tombe pas du ciel dans l'esprit de Sophocle. L'existence des dyna-miques transgénérationnelles est connue depuis l'aube des temps et les Grecs de l'Antiquité ne font pas exception. Citons un passage des *Phéniciennes* d'Euripide dans lequel l'auteur fait dire à Œdipe son héritage maudit : « Après avoir tué mon propre père, infortuné que je suis, je suis entré dans le lit de ma mère, la malheureuse, et j'ai engendré des fils, mes frères, dont j'ai causé la perte, moi qui ai transmis à mes enfants les malédictions héritées de Laïos. Non je ne manque pas d'intelligence au point d'avoir tramé sans la main de quelque dieu de tels forfaits à l'encontre de mes yeux et de la vie de mes enfants ! »[79]

Parmi les héritages transgénérationnels laissés aux nou-velles générations, les deuils non faits sont une cause classique de malheurs. Erwine Rohde nous explique que cette conception se « rencontre déjà dans l'*Iliade*, à savoir que l'âme de celui qui n'a pas été enseveli ne trouve pas de repos dans l'au-delà. Elle rôde sous forme de spectre ; sa colère s'appesantit sur le pays

---

[79] Euridipe, *Les Phéniciennes*, L'Harmattan, 2004, Paris, p.221.

dans lequel elle est retenue malgré elle, de sorte que l'interdiction de sépulture est chose pire pour ceux qui l'interdisent que pour ceux qui ne l'ont pas obtenue. »[80]

Jean-Pierre Vernant mentionne que : « Selon Pindare, les âmes de ceux "qui ont acquitté la rançon d'une antique souillure" donnent naissance, pour leur dernière incarnation, soit à des rois, soit à des vainqueurs aux jeux, soit à des "sages", - trois types d'"hommes divins" qui seront après leur mort honorés comme des héros. »[81] Une référence aux aïeux que nous retrouvons dans la bouche d'Œdipe dans *Œdipe à Colone* : « tout cela je l'ai subi, je ne l'ai pas voulu. Tel était le bon plaisir des dieux ; sans doute poursuivaient-ils ma race d'une haine ancienne. »[82] Et précisément, lorsque Sophocle termine le récit du mythe en présentant Œdipe comme héros, garant de la prospérité, il signifie la délivrance d'une âme qui se sera « acquittée d'une antique souillure ».

Ainsi que je le développerai dans le prochain chapitre, le respect de ces lois transgénérationnelles aura inspiré la structure que Sophocle donne à sa version du mythe. Que cette dernière illustre les différentes étapes d'une émancipation des liens transgénérationnels prouve que l'auteur a su mettre son art au service des lois non écrites. C'est donc bien en tant que sujet que Sophocle aura réécrit l'histoire d'Œdipe - contrairement à l'idée qu'il se serait contenté de faire affleurer un complexe universel inconscient. De la peste à Thèbes jusqu'à la prospérité à Colone, Sophocle a su symboliser dans son œuvre un rapport aux origines qui nous concerne tous, ou plus précisément, qui concerne le sujet en nous tous.

---

[80] Erwin Rohde (1928), *Psyché, le culte de l'âme chez les Grecs et leur croyance à l'immortalité*, Payot, Paris, p. 179.
[81] Jean-Pierre Vernant (1965), *Mythe et pensée chez les grecs*, Maspero, Paris, p. 64.
[82] Sophocle, *Théâtre complet*, Garnier-Flammarion, 1964, Paris, p. 288.

2

De Thèbes à Colone

À buter sur l'inceste et le parricide nous pourrions perdre de vue les autres thématiques traitées par Sophocle. Surtout qu'il insiste plutôt sur la peste au début *d'Œdipe-roi* et sur la prospérité à la fin *d'Œdipe à Colone*, dont le contraste est hautement significatif. D'entrée de jeu, Sophocle explique : « La mort frappe dans les germes où se forment les fruits de son sol, la mort frappe dans ses troupeaux de bœufs, dans ses femmes qui n'enfantent plus la vie. »[83]

De la stérilité à la prospérité

Comme je l'ai déjà brièvement mentionné, en introduisant la thématique de la peste Sophocle signe l'originalité de sa propre version du mythe d'Œdipe. Selon Marie Delcourt : « Tous les commentateurs, sans exception, sont d'accord de voir dans le thème du Fléau au début *d'Œdipe-roi* une invention de Sophocle. Les uns, nous l'avons dit, y trouvent une imitation du début de l'Iliade, les autres une allusion à la peste d'Athènes ; dans les deux cas, le Fléau thébain a été introduit dans la légende par un dramaturge habile qui, donnant à un drame un

---

[83] Sophocle, « Œdipe à Colone », dans *Tragédies,* (traduction de Paul Mazon), Gallimard, Paris, 1973, p. 186.

début d'une exceptionnelle intensité, arrive néanmoins à faire croître ensuite l'intérêt et l'émotion. »[84]

Il convient ici aussi d'associer l'épisode historique de l'épidémie la peste[85] au destin du chef d'Athènes, le grand Périclès. Contemporain de Sophocle, Périclès avait hérité, comme Œdipe, d'une malédiction familiale qui le désigna aux yeux de ses détracteurs comme responsable des ravages de la peste. Simonne Jacquemard explique qu'un de ses aïeux, Mégaklès, s'était attiré l'opprobre en « faisant massacrer l'ennemi réfugié près d'un autel. Malédiction de l'exil retombant sur toute une famille, générations après générations. Ineffaçable souillure dont même Périclès resta marqué puisqu'il devient suspect au moment où la peste apparut à Athènes et fut considéré par certains, comme un châtiment des dieux. »[86]

À n'en point douter, l'épidémie de la peste et l'héritage d'une malédiction familiale chez Périclès et chez Œdipe sont les sujets que Sophocle traite en priorité dans son œuvre. Il importe de souligner ce point dans la mesure où c'est généralement en détaillant les circonstances de sa naissance biologique que l'on raconte la vie d'Œdipe, reléguant ainsi au second plan cette association entre une malédiction familiale et la présence d'une calamité comme la peste.

Sans discuter encore de la signification de la peste, analysons déjà ce qu'implique le choix de Sophocle et pourquoi le discours moderne passe d'emblée à côté de l'essentiel.

À vouloir commencer l'histoire d'Œdipe avec sa naissance biologique, il faut alors expliquer pourquoi, trois jours après sa

---

[84] Marie Delcourt (1938), *Stérilités mystérieuses et naissances maléfiques*, Librairie E. Droz, Paris, p. 94.

[85] À l'époque de Sophocle, entre 436 et 420 av. J.-C. Athènes connut plusieurs vagues d'épidémie de peste qui décimèrent un tiers de la population.

[86] Simonne Jacquemard (1977), *Trois mystiques Grecs*, Albin Michel, Paris, p. 28

naissance, il fut abandonné sur le Mont Cithéron. La raison qui est avancée est connue, c'est à cause d'un oracle qui avait averti Laïos et Jocaste que s'ils avaient un fils, celui-ci serait incestueux et parricide. Cette manière de présenter l'histoire d'Œdipe ne peut qu'induire en erreur ceux qui prennent les paroles de l'oracle au pied de la lettre.

Comprendre l'oracle

Cherchons à mieux comprendre le sens des paroles de l'oracle. Il avait été sollicité par Laïos et Jocaste à cause de leur problème de stérilité. Bien sûr, en évoquant la question de la stérilité tout le monde s'arrête à la question de la procréation biologique et l'on oublie la composante psychologique et symbolique. C'est pourtant bien aussi celle-ci que l'oracle prend en compte dans sa manière de comprendre la situation. Comme j'en ai donné quelques références dans le précédent chapitre, dans la perspective respectueuse des lois non écrites, pour lui donner une chance d'advenir sujet, il faudrait concevoir l'enfant sur deux plans, physique et symbolique.

La stérilité de Laïos et de Jocaste concerne aussi cette capacité, ou impuissance, à produire cette symbolique fertile nécessaire à la croissance du futur sujet chez l'enfant. Pour l'oracle la chose est entendue, le couple royal n'en est pas capable. Même s'il engendre un enfant, celui-ci sera privé d'advenir sujet. En d'autres termes, il sera condamné à rester dans la matrice, incestueux et parricide, dans une symbiose à la mère et privé du rapport au père – inexistant pour lui. Autrement dit, à défaut d'être conçu comme un futur sujet devrait l'être, par défaut, Œdipe sera incestueux et parricide. Dans cette perspective, il est clair que les paroles de l'oracle dénoncent l'absence d'une fonction édificatrice chez Laïos et chez Jocaste.

Lorsque l'on prend la peine d'interpréter les paroles de l'oracle, comme il faudrait toujours le faire, la véritable question surgit : pourquoi Laïos et Jocaste sont-ils incapables de donner naissance à un sujet ? Voilà la question clef, essentielle, que l'on élude lorsque l'on prend les paroles de l'oracle au pied de la lettre, comme le font Laïos et Jocaste, comme le fait la pensée moderne, Freud en tête.

Si la conscience moderne est incapable d'interpréter les paroles de l'oracle, c'est aussi à cause de sa méconnaissance des liens entre les générations et des héritages qui s'y transmettent. Comme Laïos et Jocaste, notre culture s'est engagée dans une même impasse, attribuant au nouveau-né des intentions sans comprendre qu'elles ne sont que les conséquences d'une lacune provenant de la précédente génération, la transmission d'un héritage aliénant. L'enfant n'est pas considéré pour lui-même ni pour son propre devenir. Symboliquement, il n'a pas de parents qui lui offriraient d'advenir en tant que sujet. L'enfant est instrumentalisé jusqu'à légitimer sa condamnation à périr pendu par les pieds sur le Mont Cithéron.

Jamais Sophocle n'abonde dans ce sens et c'est pourquoi il ne commence pas son œuvre avec la naissance biologique d'Œdipe. Avec la peste, il montre ce qui l'intéresse d'abord : la naissance du sujet en Œdipe, non pas sa naissance biologique. En effet, l'épidémie de la peste offre les conditions extrêmes qui confrontent Œdipe à ses aliénations et l'obligeront à découvrir la vérité sur ses origines. Cette naissance, ou renaissance, est annoncée par Tirésias : « Ce jour te fera naître et mourir à la fois. »[87] Jusqu'ici Œdipe ne se connaissait pas. Il ignorait l'identité de ses véritables parents, et donc il méconnaissait sa propre préhistoire, celle qui lui vient de ses ancêtres et qui l'aliène aussi longtemps qu'il ne peut pas l'intégrer.

En même temps qu'il provoque sa chute du trône, ce premier jour de conscience de soi offre à Œdipe d'advenir en tant

---

[87] Sophocle, « Œdipe à Colone », dans *Tragédies*, (traduction de Paul Mazon), Gallimard, Paris, 1973, p. 200.

que sujet. Derrière le drame, un autre mouvement s'amorce avec cette catharsis, tragédie jetée en pâture aux spectateurs, comme pour mieux cacher ce qui se joue à un autre niveau. Pour Georges Méautis, Œdipe « perdra le regard, mais alors, alors seulement s'ouvrira le regard de son âme. »[88] L'accès à la connaissance de ses véritables origines précipite sa naissance en tant que sujet. Cette autre identité d'Œdipe, celle dont je dis qu'il s'agit de la naissance du sujet en lui, n'est pas reconnue à Thèbes. En revanche, Thésée et les Athéniens accueilleront cet Œdipe en tant que sujet ce qui leur vaudra les bienfaits que l'on sait.

Le symptôme catalyseur

Partant d'un symptôme tel que la peste, la chronologie de l'Œdipe de Sophocle correspond au déroulement d'un travail de connaissance de soi. Le départ est donné par le désir de remédier à une situation problématique, de l'intégrer plutôt que de le refouler. Certains pourraient voir dans la fonction du symptôme un appel de l'être, d'autres l'éveil au désir de connaissance de soi – du sujet en soi. Pour Œdipe en effet, l'enquête qu'il doit alors mener lui permettra de découvrir ses véritables origines et de renaître à titre de sujet.

Raconter le mythe en commençant avec les événements liés à la première naissance (biologique) d'Œdipe provoque le résultat contraire. Il soustrait le spectateur à l'expérience d'une traversée, aux côtés du héros, qui le mènerait en deçà des limites de la raison. Un mouvement défensif « normal » quand nous savons par avance le destin qui attend Œdipe. Débuter ce récit par la naissance biologique du héros et informer l'auditeur du message prémonitoire de l'oracle entérine le discours moderne pour, avec lui, l'asseoir dans la position de l'autre

---

[88] Georges Méautis (1957), *Sophocle, essai sur le héros tragique*, Albin Michel, Paris, p.114.

« supposé savoir ». Voir en Œdipe un futur parricide, comme le font ses parents, c'est déjà le condamner et se fermer à l'enseignement de Sophocle. Alors, le spectateur s'identifie plutôt à Laïos, partageant sa croyance en l'oracle - surtout que la réputation d'Œdipe semble lui donner raison.

Cette réaction est d'autant plus compréhensible qu'elle épargne au spectateur d'entrer en un lieu banni de la conscience collective : le tabou. Mais s'il évite au spectateur la crise de la fin d'*Œdipe-roi*, cette réaction interdit aussi la route qui mène à Colone. Elle laisse le spectateur devant la barrière baissée de la frontière du monde symbolique, sur le seuil de l'exil moderne. Cette traversée ne se reconnaît d'ailleurs qu'après-coup, une fois le pas franchi. En effet, Œdipe ne pourra regarder et juger de son histoire qu'une fois arrivé à Colone. N'est-il pas fou, ou inconscient, celui qui se hâterait délibérément vers une telle destinée ? Lorsqu'il apprend la prophétie, même Œdipe cherche à éviter cet accomplissement, allant vers Thèbes plutôt que de retourner à Corinthe, où résident, croit-il, ses parents. Mais pouvons-nous nous fuir nous-mêmes ? Qui sommes-nous pour prétendre nous soustraire aux lois transgénérationnelles ? Et si, dans la construction d'une *Persona*, nous y parvenons, le prix de cette coupure d'avec soi-même en vaut-il la peine ?

Confronté à l'impact d'*Œdipe-roi*, la réaction de Freud est sans appel : « J'ai trouvé en moi comme partout ailleurs des sentiments d'amour envers ma mère et de jalousie envers mon père, sentiments qui sont, je pense, communs à tous les jeunes enfants (...) s'il en est ainsi, on comprend (...) l'effet saisissant d'*Œdipe-roi* (...) la légende grecque a saisi une compulsion que tous reconnaissent parce que tous l'ont ressentie. Chaque auditeur fut un jour en germe, en imagination, un Œdipe, et s'épouvante devant la réalisation de son rêve transposé dans la réalité.» Quelle est la nature du soulagement que Freud éprouve lorsqu'il adhère à la conscience moderne qui accuse cet Œdipe incestueux et parricide, sans aucune aptitude à penser la problématique sous un angle transgénérationnel ?

Quand Freud ne voit qu'inceste et parricide chez Œdipe, n'est-il pas préprogrammé pour condamner cette expérience plutôt que d'en faire la traversée ? Fermer les yeux sur les projections parentales et dénoncer le futur Œdipe, c'est prédéfinir cette « découverte » que Freud annonce à Wilhelm Fliess. C'est aussi avorter l'analyse de sa vertu symbolique, voilée par la réminiscence d'un vécu infantile qu'il faut refouler. Pour Freud, la reconnaissance des pulsions œdipiennes n'est-elle pas, a priori, tributaire de leurs condamnations ? Ne faut-il pas, pour les reconnaître telles, c'est-à-dire condamnables, déjà vouloir les combattre plutôt que les comprendre ? Freud pose sur Œdipe un regard peu complaisant, s'interdisant d'en savoir plus sur les causes profondes de la tragédie. Une cécité qui l'empêche d'apprécier la part de l'auteur réécrivant Œdipe, Sophocle en tant que sujet. Comme le mentionne Conrad Stein, la signification de la pièce de Sophocle est réduite comme s'il ne pouvait s'agir que de la manifestation du complexe d'Œdipe de l'auteur. Selon Conrad Stein, Freud « a tenté de mettre en évidence les ressorts du bouleversement éprouvé par le spectateur mais, ce spectateur restant fictif et ne pouvant donc témoigner, il lui a fallu s'engager dans une démonstration visant à établir que la tragédie était « la traduction du monde du phantasme de l'enfance en une prétendue réalité », qu'elle se réduisait, par conséquent, à une manifestation défigurée des vœux inconscients que tout homme porte en lui depuis l'enfance. »[89]

Dans un premier temps, Freud semble s'identifier à Œdipe mais ce n'est que pour mieux s'en épouvanter. La peur d'être jusqu'au bout cet Œdipe interdit à Freud la traversée vers

---

[89] Conrad Stein (1981), « Œdipe roi selon Freud », préface à *Œdipe ou la légende du conquérant* de Marie Delcourt, Les Belles Lettres, Paris.

Colone, l'intégration des conflits œdipiens. Qui réagit de la sorte face à Œdipe ? N'est-ce pas surtout l'instance surmoïque, réaction radicale empêchant toute compréhension de la symbolique du mythe ? Revenant sur la culpabilité innocente d'Œdipe lorsqu'il commet le parricide et l'inceste, Robert Pelletier pourtant insiste pour dire qu'Œdipe n'a pas de « complexe œdipien si ce n'est dans l'après-coup de ce qui sera mis au jour par l'enquête qu'il mène d'ailleurs lui-même. Œdipe se voit attribuer d'emblée ce que Freud a identifié *en lui-même, comme partout ailleurs*, un complexe, une inscription psychique structurelle, qu'il n'a pas puisqu'il n'avait pas originairement de désirs parricide et incestueux. S'il est structuré par un complexe, ce n'est pas dirons-nous, par le complexe œdipien, mais bien par le complexe « freudien » projeté sur lui, freudien du nom de celui qui l'a identifié en lui-même et dans le discours de ses patients du lieu de sa pratique. »[90]

Celles et ceux qui souhaiterait comprendre le message de Sophocle devraient supporter ses mises en scènes telles qu'elles se présentent et non pas faire intervenir une grille de lecture donnée par avance. Ce n'est pas une autre toile de fond qui est requise, mais plutôt la reconnaissance du sujet, chez Sophocle, chez Œdipe, chez l'autre et aussi en soi. Voilà pourquoi Ludwig Binswanger reprochait à nombre de cliniciens de vouloir conclure avant de s'ouvrir à la chose elle-même et la laisser venir à la parole. Admettre les événements racontés par le mythe, même sans les comprendre, pour s'ouvrir à la vérité du sujet, c'est résister à la facilité d'une interprétation qui condamne Œdipe. Succomber aux préjugés revient à perpétuer une politique d'économie qui interdit l'intégration des origines et des héritages transgénérationnels.

---

[90] Robert Pelletier (2002), « D'analyste à analysant : le silence du travail de la mort ! » Le Coq-Héron, no 169, *Transmission et secret*, Érès, Paris, p. 89.

Il ne s'agit bien sûr pas de justifier les passages à l'acte d'Œdipe, mais de dégager leurs significations sur un plan symbolique plutôt que d'en juger comme faits historiques. À défaut, la solution du refoulement des pulsions œdipiennes et l'instauration du surmoi se répétera de manière transgénérationnelle et culturelle, et aggravera la division du psychisme, jusqu'au clivage. Cette division entre l'écorce et le noyau se traduira par des lacunes de transmission entre les générations, dont les héritiers en seront aliénés, et, comme Œdipe, susceptibles de passer à l'acte. Un cercle vicieux est entretenu qui amplifie la problématique jusqu'à la tragédie que le mythe d'Œdipe vient représenter. La solution moderne fait payer à l'enfant ce qu'il n'aura pas reçu de ses parents, à savoir la transmission d'un rapport aux aïeux et aux origines qui lui permette d'advenir en tant que sujet.

Suivre Sophocle

Devant sa représentation au théâtre, en respectant la chronologie voulue par Sophocle, le spectateur ne saurait échapper à l'identification au roi de Thèbes et ce n'est qu'ainsi qu'il aura une chance de le suivre sur cette route qui voit Œdipe advenir sujet. Abordé sans a priori, à la version que Sophocle propose d'Œdipe, tous ne réagissent pas comme Freud. La culpabilité et condamnation sans appel du personnage principal ne fait pas l'unanimité. Par exemple, André Bonnard dit bien que tout n'est pas joué à la fin d'*Œdipe-roi*. « Tant qu'on n'aura pas expliqué valablement cet achèvement à *Œdipe-roi*, magnifique à la scène, on n'aura fait qu'altérer le sens de ce grand poème : en fait on n'aura pas compris *Œdipe-roi*. [...] Nous prenons lentement conscience que l'action, si sévère qu'ait été sur nous son emprise, ne nous conduisait pas vers la ruine du héros, mais nous avait fait attendre, tout au long de la pièce et au plus profond de nous-mêmes, une chose inconnue, à la fois redoutée et espérée, cette réponse qu'Œdipe abattu par les dieux aurait à faire à ces dieux. »[91]

Là encore, là surtout, ne perdons pas de vue la perspective du poète et la suite qu'il présente dans *Œdipe à Colone*. Est-il possible de l'ignorer, de dire qu'il s'agit de deux œuvres autonomes ? Que cache une telle attitude sinon un refus qu'Œdipe survive, pire, renaisse de ses épreuves ? Robert Pelletier n'élude pas cette dernière pièce de Sophocle. « Étonnant cet oubli dans lequel la psychanalyse a plongé *Œdipe à Colone,* comme si d'Œdipe plus rien n'était à entendre après la découverte freudienne originelle de l'universalité du fantasme d'inceste inscrit dans une structure œdipienne. Si *Œdipe-roi* est équivalent d'un rêve ou, de façon plus générale, d'une formation symptomatique, *Œdipe à Colone* en est une interprétation, un révélateur et un générateur de sens nouveaux qui, toujours par l'effet de l'après-coup, permettent de déboucher sur une relecture du mythe œdipien. »[92]

Surpris à encore scruter de futurs horizons, le spectateur grec de l'époque, avec André Bonnard, semblait donc mieux supporter d'être amené vers l'inédit, l'inceste et le parricide, aux frontières du registre rationnel. Freud au contraire résiste : « il est étonnant que la tragédie de Sophocle ne suscite pas plutôt chez l'auditeur un refus indigné. »[93] Il n'arrive pas à suivre Sophocle et passe à côté de son enseignement. Ernst Cassirer y souscrit : « Un homme qui, dans la vie réelle, aurait eu à traverser toutes les émotions que nous éprouvons lorsque nous écoutons une tragédie de Sophocle ou de Shakespeare, n'aurait

---

[91] André Bonnard (1954), *Civilisation grecque*, tome II, La Guilde du livre, Lausanne, pp. 97-98.
[92] Robert Pelletier (2002), « D'analyste à analysant : le silence du travail de la mort ! » Le Coq-Héron, no 169, *Transmission et secret,* Érès, Paris, p. 100.
[93] Sigmund Freud (1999), *Conférences d'introduction à la psychanalyse,* Gallimard, Paris, p. 420.

pas été seulement opprimé, mais écrasé et annihilé par le pouvoir de ces émotions. Mais dans l'art nous ne sommes pas exposés à ce danger. Ce que nous éprouvons ici est la pleine vie des émotions, sans leur contenu matériel. Le fardeau de nos passions est ôté de nos épaules ; ce qui demeure est le mouvement interne, la vibration et l'oscillation de nos passions, sans leur gravité, leur pression et leur poids. Le mot même de « passion », lorsqu'il est compris dans son sens étymologique originel, semble indiquer un état de passivité de notre esprit. Mais dans l'art la passion semble soudain changer de nature ; elle devient un état actif. Ce n'est pas un simple état émotionnel ; il implique en même temps une activité de contemplation. L'art ne nous trompe pas au moyen d'une simple fantasmagorie de mots ou d'images. Il nous enchante en nous introduisant dans son propre monde, le monde des formes pures. Dans ce milieu spécifique, l'artiste reconstruit le monde. Tel est le réel pouvoir que nous trouvons chez tout grand génie artistique. »[94]

À cela se reconnaît donc une culture vivante, accordée sur les lois non écrites du fonctionnement de la psyché. Un aspect de l'œuvre que Freud n'entend pas, qu'il réduit au complexe d'un Œdipe universel. Voilà pourquoi notre civilisation passe à côté du sens du mythe et manque de comprendre son véritable impact sur le public.

Relire l'œuvre de Sophocle telle que lui-même la présente suppose donc de ne rien conclure à la fin d'*Œdipe-roi*, de poursuivre son aventure jusqu'à Colone. Jacques Lacan semblait aussi insister sur « cette région intermédiaire », rappelant « le temps qui dans l'histoire d'Œdipe n'est point à négliger, celui qui s'écoule entre le moment où il est aveugle, et le moment de cette mort privilégiée, unique, dont je vous ai déjà

---

[94] Ernst Cassirer (1995), *Écrits sur l'art*, Les édition du Cerf, Paris, p. 145.

arrêté l'attention sur l'énigme dans Sophocle qu'elle constitue. »[95]

Aucun doute qu'Henri Bauchau, lorsqu'il commence *Œdipe sur la route*[96] avec l'exil du héros, accorde lui aussi la plus grande importance à cette suite du destin d'Œdipe. Tragique ou pas, de toutes les façons, le destin d'Œdipe n'en réclame pas moins d'entrer dans l'histoire. Et comme Philippe Réfabert l'écrit, « parfois l'analysant a traversé une crise semblable à celle d'Œdipe bien avant d'entreprendre une psychanalyse. À son insu il vient alors chez un psychanalyste pour que cette crise soit reconnue. Jusque-là il était déprimé. Aujourd'hui il se plaint d'être un étranger dans son pays. Il s'évertue à plaire à ses parents qui lui "veulent du bien" et à ceux qu'il croit être ses amis mais ses efforts restent vains et il a honte d'être différent et de ne pas parler le même langage que les siens. Un psychanalyste qui a traversé une telle crise sera à même de nommer à l'analysant la souffrance qui était la sienne sans qu'il le sache, ni n'en prenne la mesure, ni puisse faire fond sur elle pour se reconnaître celui qu'il était. »[97]

Si la pensée moderne évite le tragique de la scène finale d'*Œdipe-roi*, à vouloir maintenir cette dernière hors de soi, dans l'impersonnel du tabou collectif, le développement de soi est avorté, la psyché divisée et la problématique œdipienne condamnée à se répéter. Cet instant, désiré autant que craint, cette première perpétuellement repoussée, empêche le sujet en soi d'advenir. Force est de constater l'omniprésence de cette résistance dans l'héritage du dogme freudien. Elle obscurcit le destin œdipien, reléguant aux oubliettes la symbolique du mythe. Attitude toujours tributaire d'un tabou collectif, uniquement désireuse de renforcer l'effort surmoïque qui

---

[95] Jacques Lacan (1960), *L'éthique de la psychanalyse*, Seuil, Paris.
[96] Henri Bauchau (1990), *Œdipe sur la route*, Actes Sud, Arles.
[97] Philippe Réfabert (1997), *Les travaux d'Œdipe*, L'Harmattan, Paris, p. 18.

consiste à bannir les soi-disant amours œdipiens et couper le rapport aux origines. Comme alternative à cette barbarie castratrice, la voie que propose Sophocle est celle d'une intégration de ce lien, l'élaboration des manques transgénérationnels plutôt que leur refoulement - qui programme son retour dans les prochaines générations.

Sourdes à la symbolique de l'œuvre, les interprétations modernes du mythe d'Œdipe sont symptomatiques. Elles sont l'expression sublimée du refoulement des pulsions œdipiennes, elles-mêmes issues des origines non intégrées. Une telle option divise la psyché, entre les lois non écrites et la culture nouvelle, entre le *mythos* et le *logos*, jusqu'à vouloir séparer le monde extérieur du monde intérieur. Une science de l'inconscient risque en effet de confondre intégration et réécriture de l'histoire avec un savoir dogmatique sur ce qui en empêche la réalisation. Un tel savoir sur l'inconscient porte aux croyances et autres procédures idéologiques, toutes plus vraies les unes que les autres, jusqu'à la profession de foi - y réduisant le réel. À faire de l'inconscient l'objet central d'une discipline, le risque existe de perdre de vue le sujet. C'est pourtant lui qui réécrit sa préhistoire, qui seul peut intégrer ses aliénations.

En restant fidèle à l'œuvre de Sophocle, c'est bien le contraste entre la peste et la prospérité qui s'impose en priorité à notre esprit. Pourquoi ne pas accueillir le récit de Sophocle tel qu'il se présente et éviter d'y projeter nos propres tendances transférentielles et « surmoïques », c'est-à-dire sans le réduire en un complexe projeté ?

Dans la mythologie, la stérilité représente une malédiction proclamée par les dieux, une colère divine qu'il s'agit d'apaiser, avec un sacrifice par exemple. La fonction de ces mythes s'entend comme le projet d'une intégration d'événements naturels, parfois traumatiques, d'abord attribués à la Mère-Terre puis au Père céleste. Ils nous interpellent comme symbolisation d'un ensemble de réalités telles que la procréation, la mort, la maladie, l'extase, etc. Une symbolisation opérante de ces réalités serait ainsi garante de la fertilité et le mythe lui-même servirait cette fonction. Comme nous l'avons mentionné, parmi d'autres, Bruno Bettelheim aura souligné leur intérêt psychopédagogique. Se passant d'interprétations ou d'explications, l'opérativité symbolique de ces récits nous parle et vitalise nos esprits. S'ils nous inspirent, c'est qu'ils sont conformes aux lois non écrites de la vie.

Sophocle est fidèle aux sagesses traditionnelles et c'est pourquoi il résiste à la nouvelle culture du refoulement de l'Œdipe. L'originalité de son œuvre, irréductible à l'interprétation freudienne, doit rester présente à notre esprit. Alors pouvons-nous analyser la signification du fléau qui accable les Thébains. La peste nous renseigne sur les intentions de Sophocle avec sa version du mythe : la naissance du sujet en Œdipe. En effet, la peste sera le maître-symptôme, moteur et cause du processus de renaissance. Les mots que Sophocle place dans la bouche d'Œdipe expriment la difficulté de la chose. « Vous souffrez tous, je le sais ; mais quelle que soit votre souffrance, il n'est pas un de vous qui souffre autant que moi. Votre douleur à vous, n'a qu'un objet : pour chacun lui-même et nul autre. Mon cœur à moi gémit sur Thèbes et sur toi et sur moi tout ensemble. Vous ne réveillez pas un homme pris par le sommeil. Au contraire, j'avais, sachez-le, répandu déjà bien des larmes et fait faire bien du chemin à ma pensée anxieuse ... Je me charge de la cause à la fois de Thèbes et du dieu. Et ce n'est pas pour des amis lointains, c'est pour moi que j'entends chasser d'ici cette souillure. »[98] En dépit de l'adversité ambiante, c'est en héros qu'Œdipe prend sur lui et annonce qu'il est résolu à sauver une fois de plus la cité de Thèbes. Pour tous, et même pour lui-même, sauver la cité de cette étrange

---

[98] Sophocle, « Œdipe à Colone », dans *Tragédie*, (traduction de Paul Mazon), Gallimard, Paris, 1973, p.187.

épidémie sera son destin. Même son sort personnel lui paraît secondaire : « Leur deuil à eux me pèse plus que le souci de ma personne. »[99] Une réplique qui me permet d'anticiper certains développements pour faire entendre sa signification inconsciente : « Les causes de la stérilité de mes parents m'aliènent au point que je ne compte pas moi-même. »

D'entrée de jeu, Sophocle insiste donc sur les profonds sentiments d'Œdipe face à la peste. Ce faisant, il nous indique déjà les origines de ses aliénations : la stérilité parentale qu'il hérite à la naissance. Cet écho du plus profond de son âme mobilisera son désir d'advenir sujet, motivera un extraordinaire travail d'émancipation. L'ensemble de son être s'éveille à cette occasion, puissant moteur conduisant Œdipe à se découvrir. De fil en aiguille, le récit de Sophocle restitue la trame des événements en manque d'avoir été intégrés, un dévoilement qui s'inscrit dans l'urgence du sort qui frappe la cité de Thèbes.

Du symptôme au symbole

Deuxième départ dans la vie, la peste rappelle les conditions de la première naissance d'Œdipe. Elle le renvoie aux aliénations de ses parents, à leur incapacité à être des parents édificateurs d'un futur sujet. Rappelons qu'ils souffraient de stérilité, du moins jusqu'à ce que l'oracle ayant prononcé la fameuse prédiction, Œdipe voie le jour. *Ce dernier ne naîtra qu'à la condition d'être, par avance, le légataire des manques de ses aïeux, ainsi prédestiné à en supporter l'héritage.* Autrement dit, il fallait projeter les manques d'intégration parentaux sur le futur enfant pour soulager les conflits responsables de leur stérilité. Le symptôme parental disparaît avec la perspective d'un enfant parricide et incestueux, exutoire aux nécessités transférentielles de Laïos et de Jocaste. Un héritage bien lourd pour les épaules du petit Œdipe.

---

[99] Sophocle, *Ibidem*, p.188.

Comme pour insister sur le sujet, l'histoire raconte comment Œdipe sera adopté par des parents stériles eux aussi, réitérant les effets d'une même aliénation. Œdipe sera un « cadeau des dieux » pour Polybe et Mérope. Gérard Bayle souligne que ces parents adoptifs « savent qu'ils sont stériles mais ne veulent pas le savoir. Ce déni isole une partie du Moi par un clivage fonctionnel dont Œdipe sera, en personne, le signe et le garant tout à la fois. Pour qu'il soit protégé des impacts traumatiques de son histoire infantile, mais aussi pour maintenir le déni de la stérilité de ses parents adoptifs, il importe que rien ne vienne donner prise à l'ébauche de quelque roman familial. Le secret règne et l'enfant grandit coupé des sources symboliques de ses origines et de tout ce qui s'y rapporte. »[100] Ainsi programmée, la rencontre avec la peste confrontera Œdipe à ses origines et à ses héritages inconscients. Un retour dans le réel d'une vérité qu'il ignore mais qu'il éprouve et reconnaît comme sienne. Tout ce qui jusqu'ici l'aliénait est alors perçu à titre de réalité incontournable. Pour Œdipe, la peste est l'expression tangible d'une souffrance intime dans son rapport aux origines.

La peste donne alors le signal de départ d'une renaissance, celle du sujet, dont l'aboutissement et les bienfaits triompheront dans le final de l'œuvre de Sophocle. Avec l'accueil hospitalier de Thésée, à Colone Œdipe accomplit son glorieux destin. En tant que sujet, et parce qu'il aura intégré ses origines, il devient comme un père édificateur, presque à l'égal de ce qui était délégué aux dieux. Une transmission que Thésée confirme lorsqu'il annonce la bénédiction désormais accordée : « Arrêtez là vos chants de deuil, enfants. Puisque la faveur des morts nous est à tous garantie, il n'y a pas lieu de gémir : ils nous en

---

[100] Gérard Bayle (1993) « Le poison du secret, le poignard de la vérité », dans *Revue Française de Psychanalyse*. Tome LVII, PUF, pp. 354-355.

voudraient. »[101] Dans la traduction de Roger Pignarre[102] nous trouvons : « Mes filles, c'est assez de gémir : ceux dont la tombe est source de bienfaits pour notre terre, il n'est pas permis de porter le deuil. » Pour sa part, Pierre-Vidal Naquet considère qu'Œdipe « est indiscutablement, même si le mot n'est pas prononcé, un évergète[103] d'Athènes qui fait don, en guise de *kerdê*, d'avantages, de son propre corps. Sa bienveillance, son *eumeneia*, pour citer un mot qui appartient au répertoire épigraphique, est patente. »[104] Tout comme l'introduction du thème de la peste, cette apothéose, inexistante dans les anciennes versions du mythe, doit-elle aussi être mise au crédit de Sophocle. Pour Léopold Constans, « il semble bien que l'exil d'Œdipe et sa mort à Colone soient l'invention des tragiques athéniens, jaloux de revendiquer pour leur patrie l'honneur d'avoir accueilli Œdipe et de posséder son tombeau. »[105] À titre d'anecdote, relevons encore qu'Œdipe disparaît près du roc de Thoricos[106], que la légende assimile au sperme de Poséidon, le père divin de Thésée, clin d'œil supplémentaire à la thématique de la fertilité et de la stérilité qui sous-tend la symbolique de l'œuvre de Sophocle.

De toute évidence, en contrastant la peste de Thèbes et la stérilité du couple Laïos-Jocaste avec la prospérité pour Thésée et ses gens, Sophocle symbolise l'essentiel des forces auxquelles

---

[101] Sophocle, « Œdipe à Colone », dans *Tragédies*, (traduction de Paul Mazon), Gallimard, Paris, 1973, p.409.

[102] Sophocle, « Œdipe à Colone », *Théâtre complet*, (traduit par Robert Pignarre), Garnier-Flammarion, Paris, 1964, p. 307.

[103] Évergète : titre donné par les Grecs à des rois égyptiens ou syriens et signifiant : bienfaisant, selon le dictionnaire Flammarion.

[104] Pierre Vidal-Naquet (1994), « Œdipe entre deux cités, essai sur l'Œdipe à Colone », *Œdipe et ses mythes*, Complexe, Bruxelles, p.140.

[105] Léopold Constans (1881), *La légende d'Œdipe*, Slatkine Reprint, 1974, Genève, p. 40.

[106] Pierre Vidal-Naquet (1994), « Essai sur l'Œdipe à Colone », dans *Œdipe et ses mythes,* de Vernant, Jean-Pierre et Pierre Vidal-Naquet, Complexe, Bruxelles, p. 146.

il consacre son œuvre. *Son héros intègre le symptôme de la peste pour, en définitive, incarner une figure garante de la prospérité.*

Dans ces deux pièces, Sophocle va traiter l'un après l'autre les sujets laissés dans les marges de l'histoire par la nouvelle civilisation. Entre son aliénation et son émancipation à Colone, Œdipe en tant que sujet bouclera, ou réécrira, ces cycles ouverts qui réclamaient d'entrer dans l'histoire. La trame théâtrale ainsi que la durée qui sépare *Œdipe-roi* d'*Œdipe à Colone* offre le cadre d'un espace-temps propre à accueillir ces transformations. En eux-mêmes, c'est-à-dire sans le travail d'intégration, ni le temps ni l'espace ne sauraient muter la peste en prospérité. Au contraire, le temps et le mouvement géographiques dépendent plutôt du mouvement d'une renaissance intérieure. Le mythe et la scène théâtrale en facilitent l'expression, et, à y regarder de près, ce mouvement s'observe tout autant dans le quotidien de nos vies. C'est toujours l'opérativité symbolique, ou son absence, qui décide de notre destin, définit le lieu de notre inscription dans l'histoire.

Pour rendre compte de cette dynamique, contrastons la première et la dernière parole d'Œdipe, extrêmes d'un mouvement d'intégration, conduisant de la peste à la prospérité.

Au début d'*Œdipe roi* :

« Enfants, rejetons nouveaux de l'ancêtre Cadmos, quelle assemblée tenez-vous donc là, couronnés de rameaux suppliants ? La ville est pleine du parfum de l'encens, tandis qu'éclatent les péans et les lamentations. Ne voulant point, mes enfants, apprendre d'autrui ce qui vous touche, voyez : moi, Œdipe, - vous savez tous qui je suis, n'est-ce pas ? - j'ai tenu à venir en personne. (Au prêtre.) Eh bien, vieillard, puisque tu as qualité pour parler en leur nom, dis-moi ce qui vous amène : quelle crainte ou quel désir ? Je suis prêt à vous aider en toutes choses. J'aurais le cœur bien dur, si je n'avais pitié de votre assemblée suppliante. »[107]

À la fin d'Œdipe à Colone :

« Fils d'Egée, je te découvrirai un trésor pour ce pays, un trésor inépuisable. Bientôt, sans que nul me conduise, je te conduirai jusqu'au lieu de mon trépas. Mais n'en dévoile jamais à âme qui vive l'accès ni la situation, afin que son voisinage te protège mieux que ne feraient une forêt de piques et les boucliers de tes alliés. Il est des décrets interdits aux lèvres humaines que je te révélerai seul à seul quand nous serons arrivés là-bas. Je ne dois les confier à aucun des hommes de ce bourg ni à mes enfants mêmes, en dépit de ma tendresse pour elles. Garde-les dans ta mémoire fidèlement. Quand tu seras parvenu au terme de ta vie, tu ne les livreras qu'à ton successeur, et c'est par cette voie qu'ils devront toujours se transmettre. Ainsi faisant, tu écarteras de ta patrie toute incursion des Thébains, semence du Dragon. Chez trop de peuples, même sous un bon roi, l'esprit de violence aisément se réveille. Mais les dieux ont le regard perçant : tôt ou tard, ils découvrent celui qui oublie la piété pour suivre ses instincts furieux. Ne te mets point dans ce cas, fils d'Egée. [...] Allons, mon hôte, mon cher hôte, sois heureux, et ton peuple autour de toi ; puisse votre pays prospérer ! Souvenez-vous de moi après ma mort et que la fortune vous soit fidèle ! »[108]

Deux monologues incroyablement riches de sens, explicites aussi quant à leurs différences. Notons déjà quelques points sur lesquels nous aurons l'occasion de revenir. À chaque fois, Œdipe en appelle à la mémoire de Cadmos. Dans la première réplique, Œdipe s'adresse à « la nouvelle semence de Cadmos »,

---

[107] Sophocle, *Théâtre complet,* « Œdipe-roi », traduction de R. Pignarre, Garnier-Flammarion, 1964, Paris, p.105.
[108] Sophocle, *Théâtre complet,* « Œdipe à Colone », traduction de R. Pignarre, Garnier-Flammarion, 1964, Paris, pp. 301-302.

en référence à leur illustre ancêtre. Dans son dernier discours, Œdipe mentionne encore cette filiation avec Cadmos, celle qu'il engendra en fécondant la terre avec les dents du dragon.

Un autre élément mérite d'être souligné, qui se rapporte à l'identité d'Œdipe. Dans la première pièce, Œdipe interroge son interlocuteur, comme s'il pouvait y avoir un doute : « vous savez bien qui je suis, n'est-ce pas ? ». Au début d'*Œdipe-roi*, son interrogation laisse entendre l'ignorance qu'Œdipe a de lui-même. À la fin de l'œuvre, avec la connaissance qu'il a désormais acquise de lui-même, son histoire se déclinera au passé. L'interrogation cède la place à cette connaissance qu'il a acquise sur lui-même, et à cette recommandation finale de ne pas l'oublier. Alors que les manques d'intégration d'événements anciens, oubliés, furent responsables des tragédies que l'on connaît, soutenir l'effort de sa mémoire préserverait la collectivité de ces mêmes tragédies. Ici la mémoire d'Œdipe intervient pour que les Athéniens ne refoulent pas, avec lui, leurs propres rapports aux origines, pour qu'eux-mêmes ne répercutent pas sur leur descendance les manques qui caracté-risent les Thébains.

Enfin, lorsque Œdipe interroge le porte-parole thébain, il semble ignorer la peste pour, dans un deuxième temps, se vanter d'avoir déjà envoyé son beau-frère consulter l'oracle à ce sujet. Comme si son savoir devait passer par un autre. Lui-même ne se rapporte qu'à sa propre souffrance intérieure, certes exprimée par la peste, mais sans encore pouvoir y nouer une parole authentique, de sujet. Extirper à l'autre cette parole vraie, Œdipe le répète lorsqu'il force Tirésias à lui révéler la vérité. Devant celle-ci, insupportable mais incontournable, Œdipe finira par faire la part des choses pour finalement lui-même transmettre en parole le savoir acquis. Si entourée de mystères qu'elle puisse paraître, la chose en est d'autant plus clairement maîtrisée par Œdipe. Au début d'*Œdipe-roi*, le porte-parole est un vieillard, et à la fin d'*Œdipe à Colone*, le vieillard n'est autre qu'Œdipe, lequel sait maintenant de quoi il parle. Cette maîtrise transparaît également lorsqu'il répète que dorénavant, c'est lui qui servira de guide aux autres. Non seulement sait-il de quoi il parle, mais aussi sait-il la manière par laquelle ce savoir doit être transmis.

Filiations thébaines

Après avoir repéré cette transformation de la stérilité en prospérité dans l'œuvre de Sophocle, examinons maintenant cet aspect dans la généalogie d'Œdipe. Nous partirons de cette terre rouge du sang versé par la lutte intestine des Chtoniens (ou Autochtones) sur laquelle Cadmos construira la cité de Thèbes. À l'autre bout de la légende de Thèbes, cinq générations plus tard, sur cette même terre, les fils d'Œdipe, Étéocle et Polynice, succomberont dans un scénario fratricide similaire. À quels principes transgénérationnels ce dénouement obéit-il ? Avant d'espérer y répondre, reconstituons déjà l'histoire non intégrée de la lignée des Labdacides pour ensuite analyser son action sur le destin d'Œdipe.

Retour aux origines

Reprenons donc la thématique de la stérilité et de la fertilité dans une perspective transgénérationnelle. En même temps qu'il est intégré par Sophocle dans son œuvre, le symptôme de la peste renvoie à la nécessité d'écrire l'histoire qui, jusqu'ici, faisait défaut. Surtout que la peste dont il est question au début d'*Œdipe-roi* renvoie justement au « no man's land » que Cadmos féconda et sur laquelle il avait bâti la cité de Thèbes. Quelque chose de cette lointaine époque fait retour et menace de tout anéantir pour rendre cette terre à son état initial. L'arrivé de la peste correspondrait-elle à une dette qui se serait accumulée sur plusieurs générations, à cause de différents traumas et deuils non intégrés ? Ce sont elles en effet, ces histoires non terminées, qui reviennent avec la tentative d'infanticide de Laïos, le parricide et l'inceste d'Œdipe et finalement le fratricide d'Étéocle et Polynice.

En préambule de l'histoire de la fondation de Thèbes rappelons-nous tout de même d'une autre Thèbes, égyptienne celle-ci. Car la Grèce, comme d'ailleurs l'ensemble de notre culture judéo-chrétienne, est redevable d'un héritage lointain, relayé par la culture de l'Egypte ancienne. La mythologie et les religions monothéistes en sont des traces indélébiles. Entre Œdipe et le pharaon Akhenaton les correspondances sont légion. À la suite de Karl Abraham[109], Immanuel Velikovsky[110]a approfondi ces parentés, associant les cas d'inceste et de parricide chez les pharaons avec la légende grecque. De même, il existe des points communs entre le Sphinx et la Sphinge et entre les deux Thèbes - « aux cent portes » pour l'égyptienne, « aux sept portes » pour la grecque.

Pour Diodore de Sicile[111], Cadmos était originaire de Thèbes en Egypte. Jean Humbert[112] aussi mentionne ces origines égyptiennes, écrivant que Cadmos introduisit le premier en Grèce le culte des dieux de l'Égypte et de la Phénicie. Roberto Calasso insiste pour sa part sur l'alphabet que Cadmos apporte en Grèce : « à la Grèce, Cadmos avait offert "des cadeaux pourvus d'esprit" : les voyelles et les consonnes attelées en de minuscules signes, "modèle gravé d'un silence qui ne se tait pas" : l'alphabet. Avec l'alphabet, les Grecs s'éduqueraient à vivre les dieux dans le silence de l'esprit, non plus dans la

---

[109] Karl Abraham, « Amenhotep IV (Echnaton), contribution psychanalytique à l'étude de sa personnalité et du culte monothéiste d'Aton » dans *Psychanalyse et culture*, Payot, 1965, Paris.
[110] Immanuel Velikovsky (1986), *Œdipe et Akhenaton*, Robert Laffont, Paris.
[111] *Diodore de Sicile*, Tome I, chapitre 23, 1865, Hachette, Paris, p. 24.
[112] Jean Humbert (1847), *Mythologie grecque et romaine*, B. Duprat, Paris.

présence pleine et normale, comme cela lui était arrivé, le jour de ses noces »[113]. Une certaine continuité entre les deux Thèbes, ne serait-ce qu'à la manière de la mythologie, ne manque pas d'apparaître. Une même intelligence les rapproche des lois non écrites. Se pourrait-il que, comme le phénix renaît de ses cendres, de ses ruines historiques Thèbes devait elle aussi renaître près d'Athènes ?

Pour Jean-Joseph Goux « la légende attribue souvent à la vieille Egypte, terre des tombeaux et des Sphinx, l'origine des initiations. Selon l'une de ces légendes, c'est Cadmos qui aurait apporté d'Egypte les pratiques initiatiques, en même temps qu'il est tenu pour l'inventeur mythique de l'alphabet. Il ne serait donc pas interdit de soupçonner que la légende d'une origine égyptienne de la Sphinge grecque (qui se distingue pourtant des Sphinx égyptiens par l'existence de ses ailes, et son sexe féminin) se rattache, d'une façon ou d'une autre, à celle de l'origine égyptienne des initiations apportées à Thèbes par Cadmos. Or Cadmos est le trisaïeul d'Œdipe. [...] Si c'est Cadmos lui-même, trisaïeul d'Œdipe, qui est censé avoir institué la pratique initiatique, et donc introduit l'épreuve sacrificielle de la Sphinge, le lien signifiant entre « ville de Cadmos », et « payer un tribut à l'horrible Chanteuse » est peut-être plus étroit qu'une lecture non préparée pourrait le laisser entendre. »[114]

En effet, la figure de la Sphinge est traditionnellement associée au franchissement d'un seuil[115], à un retour à la source, à

---

[113] Roberto Calasso (1991), *Les noces de Cadmos*, Gallimard, Paris, p. 399.
[114] Jean-Joseph Goux (1990), *Œdipe Philosophe*, Aubier, Paris, pp. 55-56.
[115] Voir des développements à ce propos dans *Sophocle thérapeute, la guérison d'Œdipe à Colone*, Écodition, Genève.

une traversée, ou renaissance. Jean-Claude Golvin[116] explique que le Sphinx originaire d'Égypte est le « gardien de l'entrée et de la sortie de l'au-delà. [...] Il détruit les puissances néfastes et assure la renaissance chaque matin de l'astre solaire. Il symbolise ainsi la puissance de résurrection d'Osiris et de Rê. C'est à juste titre que l'on place parfois deux sphinx devant la porte d'un temple. Ces deux lions appelés "hier" et "demain" sont les génies des deux horizons, les agents de la renaissance du dieu-soleil. La porte du temple est une porte de vie, porte de la vie située au-delà. [...] Quand on sait que, pour les anciens Égyptiens, le soleil est enfant le matin, adulte à midi et vieillard le soir, on peut dire que non seulement l'être hybride grec doit être considéré comme étant d'origine égyptienne mais également la légende qui lui est attachée.

La thématique des épidémies et de la peste associe également la légende grecque à l'Egypte. Un fléau fût peut-être même à l'origine de la révolution du pharaon Akhenaton. Pour tenter d'éradiquer ces maux, son père multipliait les offrandes et les cultes envers les divinités, notamment celles guérisseuses. L'échec de ces procédés justifierait le retour à l'adoration de la nature et à ses lois non écrites qui caractérisent le règne d'Akhenaton.

Complément d'importance dans notre analyse centrée sur la stérilité et la fertilité, prenons le temps de suivre Andréa Maria Gnirs et sa lecture du rapport entre filiation, religion et l'épidémie de la peste dans l'ancienne Egypte : « Akhenaton alla au-delà des conceptions religieuses de son père. Le développement et l'établissement d'une doctrine de la grâce monothéiste ne pouvaient cependant être réalisés qu'à une période où régnait un grand doute vis-à-vis de la miséricorde et de l'efficacité des dieux. On ne peut expliquer autrement l'audace

---

[116] Jean-Claude Golvin, « Sphinx », dans *Le dictionnaire de l'ésotérisme*, sous la direction de Jean Servier, PUF, 2013, Paris, p.1229.

qu'eurent les partisans de la révolution amarnienne en se détournant de tous les dieux traditionnels et en s'accommodant de leur châtiment de colère. Comment en est-on arrivé à cette attitude négative ? [...] Dans une culture voisine de l'Egypte, l'empire hittite, des évolutions religieuses similaires étaient en cours dans la deuxième moitié du XIVe siècle av. J.-C. Sous le règne de Moursili II apparut un cycle de prières dans lequel le roi se plaint que les dieux se soient détournés, où il réfléchit à une faute que sa famille ou lui-même aurait commise et où il tente de regagner la faveur des dieux à travers un accroissement des offrandes et l'établissement de nouveaux cultes. Il ressort de ces textes que la raison de cette invocation aux dieux était une épidémie de peste ; il y est dit que celle-ci faisait rage dans le pays depuis plus de vingt ans et qu'elle avait causé beaucoup de victimes. L'épidémie fut interprétée comme un châtiment divin : les dieux l'auraient répandue à travers le pays en représailles contre un outrage commis et/ou contre la négligence des cultes. [...] L'extension d'une épidémie en Egypte à l'époque d'Aménophis III était donc une des causes déterminantes de la « révolution amarnienne ». Le plus grand pas franchi par Akhenaton fut l'abandon des cultes divins traditionnels et sa recherche de salut dans une doctrine monothéiste qui avait les traits forts d'une religion ou d'une philosophie de la Nature : la prospérité et la mort étaient soumises au seul cycle solaire ; les secrets de la divinité se cachant derrière ces phénomènes naturels n'étaient accessibles qu'au roi. »[117]

Assurément, un même projet de restauration d'une fertilité première que chez Sophocle aura soutenu l'élan de réforme d'Akhenaton. En plus de réécrire la religion de ses aïeux, il sort du désert une nouvelle cité, El-Amarna. Toute entière vouée au

---

[117] Andréa Maria Gnirs (2004), « La XVIIIe dynastie : ombres et lumières d'une époque internationale » dans *Toutankhamon, l'or de l'au-delà, trésors funéraires de la vallée des rois*, édité par André Wiese et Andreas Brodbeck, Antikenmuseum Basel, Bâle, p. 42.

culte du dieu unique Aton, elle concrétise ses réformes et témoigne d'un renouvellement des traditions, notamment celles artistiques.

Ce détour du côté des origines de Cadmos et de l'Egypte montre à quel point les thématiques se recoupent avec la légende de Thèbes et avec cette nouvelle civilisation qui voit le jour à Athènes. Jean-Joseph Goux note aussi le possible héritage d'un souvenir du symbolique : « dans la sortie grecque d'Egypte, - l'Egypte étant simplement la dimension dans laquelle un certain régime du symbolique existe, ce qui serait peut-être l'imaginaire, ou le symbolique au sens de Hegel - dans la sortie grecque d'Egypte opérée par Œdipe dans sa réponse à la Sphinge, on ne sort pas de l'a-spective par iconoclasme, mais on sort de l'a-spective par la perspective. C'est-à-dire par une construction de l'image qui fait du sujet le centre. »[118] Cette sortie d'Egypte, avec sa référence à la dimension du symbolique, caractérise l'arrivée de Cadmos en Grèce. Car en effet, nous y arrivons, l'histoire des origines de Thèbes diffère de celle de toutes les autres cités helléniques. Selon Francis Vian, « Thèbes est pratiquement la seule cité grecque non coloniale qui possède une légende héroïque de fondation : les autres cités s'attribuent une origine divine et n'ont d'ailleurs pas, à strictement parler, de mythe de fondation. »[119] Autrement dit, l'origine de Thèbes offre à Cadmos un rôle inédit où le personnage et son action se substituent aux dieux.

L'histoire commence avec l'aventure d'Europe, fille d'Agénor, enlevée par un Zeus tombé amoureux. Son père ordonna à Cadmos et à ses autres fils de retrouver leur sœur, interdisant de revenir sans elle. Après l'avoir cherchée sans succès, Cadmos se vit conseiller de suivre une génisse pour

---

[118] Jean-Joseph Goux, dans *Les travaux d'Œdipe*, Réfabert, Mélèse, Dubarry, Garner, (1997), l'Harmattan, Paris, p. 71.
[119] Francis Vian (1963), *Les origines de Thèbes, Cadmos et les Spartes*, Librairie Klincksieck, Paris, p. 231.

s'établir où elle s'arrêtera. La région ainsi trouvée, Cadmos envoya ses hommes chercher de l'eau afin de préparer une action de grâce envers sa protectrice Athéna. Mais dans la caverne d'où sortait l'eau, dormait le dragon gardien de cette contrée. Réveillé par les compagnons de Cadmos cherchant l'eau, ce dragon les extermina, déchirant les uns de ses dents, empoisonnant les autres de son souffle meurtrier.

Inquiet de ne pas voir revenir ses hommes, Cadmos se rendit sur les lieux du massacre pour assister au spectacle du dragon buvant leur sang et se nourrissant de leurs chairs. Quitte à partager leurs sorts, Cadmos jura vengeance. Joignant le geste à la parole, d'un coup fatal de son javelot il transperça le monstre de part en part.

Suivant les conseils d'Athéna, il sema ensuite les dents du dragon sur cette même terre. De cette étrange semaille naquît une nouvelle génération d'hommes, les Chtoniens, ou les Autochtones. Sitôt sorti de terre, ces derniers s'engagèrent séance tenante, et malgré eux, dans une lutte sans merci pour finalement ne laisser que cinq survivants, Échion, Oudaios, Chtonios, Hypérénos et Péloros. C'est avec ces nouveaux hommes que Cadmos entreprendra de bâtir Thèbes et son royaume. Pour Francis Vian, cette bataille « fait partie du mythe de fondation et c'est dans cette perspective qu'on doit interpréter ses deux traits essentiels : le carnage fratricide et la promotion qui en résulte pour un petit nombre. La fondation d'une ville suppose une prise de possession du sol. La divinité du lieu, qui se trouve dépossédée de ce fait, a droit à une indemnité sous la forme d'un sacrifice, dont la victime peut être un homme, notamment en Orient. Cette réparation est, en l'occurrence, d'autant plus indispensable que Cadmos a dû massacrer le dragon préposé par la Terre à la garde de l'endroit. La cérémonie de rachat va donc prendre la forme d'un rite funéraire destiné à apaiser le défunt. Or de tels rites comportent fréquemment des combats livrés sur la tombe du mort :

Homère a gardé le souvenir de ces usages qui se retrouvent çà et là, par exemple en Thrace, et qui se perpétueront dans les combats de gladiateurs. »[120] Que la filiation autochtone apparaisse telle une horde barbare fait penser à la réaction de survie de l'enfant face aux velléités meurtrières et castratrices que lui oppose la culture nouvelle et refoulante, un conflit qui se rejouera entre Dionysos et Penthée et entre Laïos et Œdipe.

Quand il outrepasse les règles dictées par son inconscient, comme le fait Cadmos, l'homme doit expier son crime, s'acquitter d'une dette envers les dieux. Cadmos doit servir Arès pendant huit années en expiation du massacre du dragon. Au terme de cette période, les dieux lui offriront d'épouser la déesse Harmonie. Avec elle, Cadmos engendre une deuxième descendance, celle des Labdacides, de Polydoros à Labdacos, Laïos, Œdipe, Polynice et Étéocle.

Cadmos engendre donc deux descendances. Celle des autochtones en plantant dans le sol les dents du dragon et celle que lui donne la déesse Harmonie. La première action s'entend comme métaphore du rapport sexuel avec la Terre-Mère, un inceste symbolique. Un geste fertile qui souligne l'importance de l'action de Cadmos. C'est bien là que Cadmos le dispute au divin où l'homme procréateur supplanterait les dieux dans une fonction jalousée.

D'autre part, ces deux filiations permettent de comparer deux structurations de la psyché, de mieux comprendre ce qui les différencie dans leur rapport aux origines. Rapport dans lequel l'idéal d'un père vient compenser les imperfections du père réel, une délégation qui opère aussi lorsque l'homme, dépassé par sa propre capacité à engendrer, en appelle à la fonction divine. Distinguer ces deux filiations résume toute la problématique moderne face à l'ancien régime religieux. Tout

---

[120] Francis Vian (1963), *Les origines de Thèbes*, Librairie C. Klincksieck, Paris, p. 172.

est déjà en place qui conduira à l'Œdipe, point d'orgue d'un conflit originaire.

Nous le comprenons, ce n'est pas avec la légende de Thèbes que la problématique œdipienne apparaît pour la première fois. S'agissant d'une même récurrence dans l'histoire des hommes comme dans l'origine des religions, cette légende nous offre cependant d'en saisir les rebondissements comme rarement ces dynamiques auront été portées à notre attention. L'histoire de Thèbes reprend cette division du symbolique, la perte de l'unité fertile, pour en analyser les effets sur plusieurs générations. Si elle n'est ni unique ni inaugurale, elle n'en est pas moins une opportunité d'élaboration d'une dette envers les lois non écrites. De cette structuration différenciée de la psyché dans les descendances de Cadmos, la part « chtonienne », issue de la terre, représente les lois non écrites alors que ceux engendrées dans l'idéal religieux entrent dans le cercle fermé des enfants légitimés par les dieux de l'Olympe.

Une telle différence est d'ailleurs clairement établie dans les textes bibliques, distinguant les égyptiens des élus du dieu unique. Pour que les hommes ne soient plus issus de la terre, mais du ciel, la sortie d'Egypte hébraïque correspondrait à un sauvetage religieux doublé d'une coupure du rapport à la Terre-mère (taxé d'incestueux). Une clause divine caractérise cette sortie d'Égypte : « Sacrifie-moi tout premier-né, ouvrant toute matrice entre les enfants d'Israël, tant des hommes que des bêtes, car il est à moi »[121] L'incapacité des hommes et des femmes à assumer une fonction édificatrice a ici son prix, comme pour Laïos et Jocaste qui sacrifient Œdipe, incapables qu'ils sont de donner vie au sujet chez l'enfant.

Les Egyptiens restent des enfants d'hommes alors que les Hébreux seraient ceux de Dieu : « Or les Egyptiens sont

---

[121] Exode, chapitre 13, 1 et 2, *La Bible*, De l'imprimerie de Matthieu Berjon, 1605, Genève.

hommes, et ne sont pas le Dieu fort ; et leurs chevaux sont chaire et non pas esprit »[122] Période de transition, le désert est ce sol duquel rien ne saurait pousser, stérile, pour imaginer cette terre promise qui tirerait du ciel sa force. « Vous garderez donc tous les commandements que je vous commande aujourd'hui, afin que vous soyez fortifiés, et que vous entriez en possession du pays, auquel vous aller passer pour le posséder. Et afin que vous allongiez vos jours sur la terre, laquelle l'Eternel a juré à vos pères de leur donner, et à leur postérité, terre découlant de lait et de miel. Car le pays auquel tu vas entrer pour le posséder n'est pas comme le pays d'Egypte, duquel vous êtes sortis, là où tu semais ta semence, et l'arrosais à ta discrétion comme un jardin à herbe. »[123] Plus besoin de recourir à une fonction parentale édificatrice lorsqu'un dieu se charge de tout. Plus besoin de transmettre l'histoire des lignées familiales, réduite à ce rapport aux origines, divines, qui se substitue à l'histoire familiale, le refoule et s'impose comme nouveau lien aux origines.

Le régime et le bon ordre symbolique qui semblait prédominer en Egypte se perd dans ces nouvelles croyances monothéistes. Ce nouveau besoin d'en passer par la médiation d'un grand Autre, c'est-à-dire par la nécessité transférentielle, est en lui-même le symptôme d'un manque édificateur dans la filiation. La symbolique égyptienne était directement associée aux lois non écrites de la vie, elle y puisait son opérativité. Une qualité qui transparaît dans l'iconographie mythologique. Au premier chef, rappelons la figure d'un démiurge, Amon, dieu de la fertilité et de la procréation, représenté ithyphallique, qui féconde directement la terre avec sa semence pour donner naissance à la vie sur terre et aux premiers Égyptiens. Mentionnons encore la figure mythologique d'un dieu potier, Khnoum,

---

[122] Esaïe, chapitre 31, 3, Op. Cit.
[123] Deutéronome, chapitre 11, 8 à 10, Op. Cit.

qui façonna les dieux et les hommes, les animaux, et qui, avec son souffle, donne vie à ces êtres.

Ce passage d'une symbolique égyptienne articulée aux origines à celle d'un dieu unique et seul créateur du monde, marque l'avènement d'un nouvel ordre, relayé par des lois écrites et autres commandements divins. L'opérativité de la symbolique égyptienne se mue en une métaphysique, c'est-à-dire en actes de croyances et lois écrites sensées guider l'homme pendant qu'il s'éloigne toujours plus du sujet en lui. La modernité emboite le pas à cette absence de transmission des parents à leurs descendants, à leur incapacité à être des parents édificateurs de sujets chez leurs enfants, pour les laisser à la merci des nouveaux apprentis sorciers médecins et biologistes, anti-édificateurs.

Par son action fondatrice de Thèbes, Cadmos nous apparaît comme un héritier de l'ancienne tradition égyptienne. Fruit d'une symbolique opérante, l'origine de Thèbes est inédite sous le ciel des dieux de l'Olympe. Avec Cadmos, l'homme semble ici assumer sa fonction procréative. Mais si le rapport de Cadmos à Thèbes relève encore d'une symbolique opérante, celle-ci va se perdre, se diviser, avec les deux descendances qu'il laisse derrière lui. L'unité symbolique ne sera retrouvée qu'une fois Œdipe arrivé à Colone, avec l'héritage d'une prospérité qu'il offrira aux Athéniens.

Une descendance divisée

Par son origine, issue de la terre, la première descendance de Cadmos est « autochtone ». La seconde descendance de Cadmos, issue de son mariage avec la déesse Harmonie, est « religieuse » ou « Olympienne », ce sont les Labdacides. Une différence qui marque déjà deux façons pour Cadmos de se relier au féminin, incestueuse avec la Terre-mère, sublimée et soumise à l'ordre divin avec Harmonie.

Selon le *Petit Robert*, autochtone signifie « qui est issu du sol même où il habite, qui est censé ne pas être venu par immigration ou n'être pas que de passage ». Point n'est requis de convoler en « justes noces » quand Cadmos féconde la Terre-Mère. Un rapport à la Terre-Mère qui se passe de la médiation des dieux de l'Olympe ; pour l'occasion Cadmos est athée. Il est cependant double, parfois athée et parfois croyant, puisqu'avec Harmonie, il s'agit d'un rapport qui s'inscrit dans l'ordonnance des dieux de l'Olympe. De cette union naîtront en seconde génération Dionysos ainsi que le symptomatique Priape. Cette dualité chez Cadmos, athée et religieuse, amène sa descendance à perdre l'unité symbolique première, l'égyptienne, que Cadmos ne parvient pas à maintenir sur le sol grec.

Pierre Chuvin rappelle qu'Euripide incrimine Cadmos pour une faute qui rejaillira sur sa descendance. « Cette faute a été commise cinq générations plus tôt par l'ancêtre Cadmos lorsqu'il est venu s'installer à Thèbes : pour occuper le site sur lequel l'avaient conduit les dieux, il a dû tuer un serpent monstrueux, fils de la Terre, qui gardait au nom du dieu Arès la source du lieu, Dirkè. Et depuis lors, ces dieux, la Terre et Arès, irrités, poursuivent "la race de Cadmos". »[124]

Nous pouvons ici repérer l'origine de la perte d'un principe premier d'unité et d'harmonie, sacré dans les traditions égyptiennes. Cadmos lui-même était garant de cette dimension symbolique transcendante tandis que ses deux filiations illustreraient le retour à l'antagonisme et au chaos, terrain propice au développement de la peste. La perte de l'équilibre symbolique est le prix que paye la tradition égyptienne lorsqu'elle cherche à s'établir sur la terre grecque. Autrement dit, la dimension symbolique apportée par Cadmos vient se perdre dans les antagonismes grecs, entre les anciennes

---

[124] Pierre Chuvin (1989), « De Sophocle à Freud », *L'histoire*, no. 132, Paris.

divinités chtoniennes (et matriarcale) et le nouveau régime olympien (patriarcal). William Guthrie explique qu'en « ce qui concerne la Grèce des temps historiques, la distinction la plus élémentaire à établir est celle qui sépare les religions olympienne et chtonienne ; les cultes de l'air pur déroulent leurs rites sur les sommets des montagnes sacrées et sont caractérisés par la joie de vivre, l'amour de tout ce qui est sain, la franchise ; ils s'opposent aux cultes de la terre et des régions souterraines, qui sont souvent marqués par l'obscurité, la terreur et un désir mystique de s'unir avec le dieu. »[125]

Filiations Thébaines

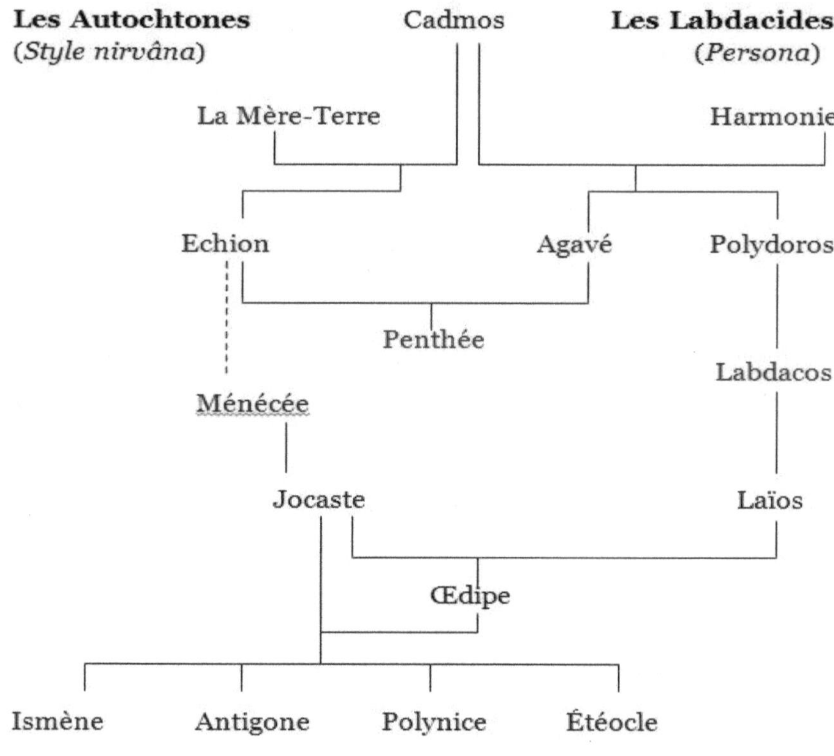

---

[125] William Guthrie (1956), *Orphée et la religion Grecque*, Payot, Paris, p. 16.

La superbe de Cadmos, c'est-à dire l'opérativité ou la fertilité de sa fonction symbolique, se perdra donc dans les conflits
entre ses deux filiations qui s'entre-déchirent pour le trône de
Thèbes. Il faudra attendre qu'Œdipe traverse les tabous et qu'il
renoue avec les origines pour restaurer cette qualité première
de son trisaïeul au terme de son périple à Colone. Pour Pierre
Chauvin aussi le parallèle est frappant : « Œdipe comme
Cadmos est à la fois un déraciné et un fondateur, un ennemi des
puissances de la terre et le génie tutélaire d'un lieu, un favori
des dieux et un maudit. Ni l'un ni l'autre ne sera enterré dans la
cité qu'il a fondée ou sauvée. Cadmos devenu serpent protège
un peuple d'Illyrie (Albanie actuelle), Œdipe est le « bon génie »
d'un coin de l'Attique. »[126]

Entre les Autochtones et les Labdacides les conflits
s'accumulent et entraînent les péripéties et les tragédies
rapportées dans les légendes thébaines. Ces histoires ne sont
pas intégrées, au contraire, elles se décuplent et laisse une dette
croissante aux nouvelles générations. Disons déjà que le destin
d'Œdipe concentrera l'ensemble de la problématique qui
oppose ces deux ordres de fondation. Car refouler les manques
d'intégration c'est reporter indéfiniment le conflit pour en
amplifier les effets jusqu'à leur retour dans le réel. Exacerbés
sur plusieurs générations, les conflits jamais résolus finiront par
se manifester dans les passages à l'acte de Laïos, d'Œdipe,
d'Antigone et ses frères.

L'histoire de Thèbes raconte à propos de Penthée, petit-fils
de Cadmos, une première tragédie impossible à intégrer.
Penthée est le fils d'Échion, - un de ces hommes créés par
Cadmos lorsqu'il planta les dents du dragon dans la terre - et
d'Agavé - une des filles du couple formé par Cadmos et
Harmonie. Il a été désigné par Cadmos pour lui succéder sur le

---

[126] Pierre Chuvin (1989), « De Sophocle à Freud », *L'histoire*, no. 132,
Paris.

trône de Thèbes. Son élection ne fait cependant pas l'unanimité. La filiation des Labdacides se réclamant du droit Olympien revendique le droit de succession et s'oppose au choix de Cadmos. La lutte pour la possession de la cité opposera régulièrement la descendance autochtone et celle des Labdacides, plus légitime au regard des dieux de l'Olympe. Nous observons ici de quelle manière le thème œdipien s'initie : un conflit entre des pulsions considérées comme illégitimes (le moi-ça), et celles sublimées du patriarcat (le surmoi).

Le contexte de la succession à Cadmos va marquer la destinée de Thèbes. Ce qui fera retour quatre générations plus tard avec Œdipe, trouve ici son origine. Un drame va hanter l'esprit des Thébains. Il s'agit du meurtre de Penthée par sa propre mère, Agavé. Une femme victime d'un état de transe et soumise à Dionysos lorsqu'elle commet l'irréparable. Selon John Munder Ross[127] c'est le premier filicide de l'histoire de Thèbes. Coïncidence significative, cet infanticide a pour théâtre le Mont Cithéron, précisément là où Œdipe devait périr, lui aussi victime d'une volonté infanticide. Alors que Penthée y rend son dernier souffle, Œdipe condamné par une même pulsion infanticide survivra par la grâce d'un serviteur bienveillant. Rappel d'un drame resté lettre morte dans l'histoire thébaine, Œdipe sera le représentant du fantôme de Penthée, dont le deuil n'avait pas été fait.

Au vu de son importance, attardons-nous sur la tragédie de Penthée, roi de Thèbes à l'époque de ces événements. Dans une de ses dernières pièces, *Les Bacchantes*[128], Euripide raconte son destin. Penthée tomba de son poste d'observation alors qu'il assistait au culte de Dionysos que célébraient sa mère et ses tantes sur le Mont Cithéron. L'ayant découvert, ces femmes en

---

[127] John Munder Ross (1982), « Œdipus revisited, Laïus and the "Laïus complex" », *Psychoanalytic Studies of the Child*, vol. 37, pp. 179-180.
[128] Euripide, *Les Bacchantes*, Les Belles Lettres, 1970, Paris.

pleine transe s'acharnèrent sur Penthée croyant qu'il s'agissait d'un lion. Dans leur folie meurtrière, elles le démembrèrent et rapportèrent en triomphe les restes du carnage à Thèbes.

Ce n'est que dans l'après-coup de ses actes qu'Agavé réalisa le désastre dont elle s'était rendue coupable. Accablée, elle se plaignit d'avoir servi la vengeance de Dionysos, une horreur qui lui sembla indigne des dieux, inhumaine. En effet, ce meurtre fut prémédité par Dionysos, véritable responsable de la tragédie. Il avait piégé Penthée en lui proposant d'aller ensemble sur le Mont Cithéron où les femmes se vouaient à son culte, soumises à sa volonté. Dionysos se vengeait ainsi de n'avoir pas été reconnu par Penthée ni par la famille de Cadmos. Insensibles à ses attributs divins, ces derniers l'avaient offensé. Avec le meurtre de Penthée, c'est l'athéisme des humains ainsi que leur origine autochtone ou « incestueuses » que les dieux punissent. La mort est ici le sort de celles et ceux ne se soumettant pas à leurs lois.

Nous trouvons dans une réplique du Chœur des *Bacchantes* les termes de cette condamnation : « Poussé par une inique intention, et par une criminelle fureur, vers tes orgies, ô Bacchos, et vers celles de la mère, avec une pensée démente et une audace insensée, il est venu pour gagner par la force une victoire impossible. Il jouit d'une vie sans tourment, le mortel qui possède un esprit sans détour, rend aux dieux leurs hommages et vit selon la condition humaine. [...] Qu'elle vienne la Justice éclatante, qu'elle vienne avec son glaive, pour tuer, en traversant de part en part sa gorge, l'homme impie, scélérat, injuste et issu de la Terre qu'est le fils d'Échion ! »[129] Au regard des dieux, les choses sont claires : l'homme doit se contenter de leur rendre hommage et renoncer à la sagesse s'il entend ne pas subir les foudres de la « Justice éclatante ». En même temps,

---

[129] Euripide, *Les Bacchantes*, Payot, Paris, 1923, pp. 153-154

Penthée et les enfants « issus de la terre », les autochtones, sont eux, irrémédiablement condamnés.

Rappelons le conflit de fond que j'avais précédemment associé au refoulement du rapport aux parents. Le conflit surmoïque provenant des dieux n'est rien d'autre que la forme sublimée d'un conflit aux origines se propageant sur plusieurs générations. Le massacre de Penthée est significatif de l'antagonisme entre les forces soi-disant divines d'une part et celles autochtones de l'autre. Il est aussi emblématique d'un déni du pouvoir de procréation des femmes : la vie des rejetons qu'elles engendrent n'a aucune valeur. Seuls comptent les enfants conçus religieusement. L'intervention divine, représentée ici par la vengeance de Dionysos, impose donc sa volonté aux destinées de Thèbes. À la suite de Penthée, les Labdacides, Polydoros en tête, accèdent au trône. Ce renversement est synonyme d'une récupération par la filiation olympienne de l'action fondatrice de Cadmos. Une usurpation synonyme de la perte de l'équilibre transcendant de Cadmos et que la peste dénoncera trois générations plus tard.

La suite des successions au trône de Thèbes nous est racontée par Jean-Pierre Vernant[130] : « Après la mort affreuse de Penthée, le trône se trouve vacant. Polydoros ne l'occupe que très peu de temps, il devrait céder le pouvoir au fils que lui a donné Niktéis, Labdacos - le boiteux -, rejeton légitime mais dont la filiation est en effet boiteuse, puisque par son père Polydoros il se rattache directement à Cadmos et à la déesse Harmonie, mais que par sa mère Niktéis il se trouve lié à ces Spartes surgis de la terre de Thèbes, tout armés dès leur naissance et faits pour guerroyer. Labdacos est trop jeune, à la mort de son père, pour assumer les fonctions royales. Les premiers moments de cette souveraineté de Thèbes vont donc

---

[130] Jean-Pierre Vernant (1999), *L'univers, les dieux, les hommes,* Seuil, Paris, p. 196.

être instables, déchirés. Temps de violence, de désordre, d'usurpation, où le trône, au lieu de se transmettre de père en fils par une succession régulière et assurée, saute de main en main à travers luttes et rivalités qui opposent les Semés entre eux et au pouvoir royal légitime. Quand Labdacos à son tour disparaît, son fils, Laïos, est à peine âgé d'un an, le trône est de nouveau vacant. [...] Aussi longtemps que les usurpateurs réussissent à l'éloigner du pouvoir, Laïos est contraint à l'exil. Il a déjà l'âge adulte quand il trouve refuge à Corinthe, chez le roi Pélops, qui lui offre généreusement l'hospitalité et le garde auprès de lui [...] Lykos, qui exerçait le pouvoir, a été remplacé par Amphion et Zéthos : eux aussi meurent. Laïos revient à Thèbes et les Thébains sont très heureux de l'accueillir et de confier ainsi de nouveau le trône à une personne qui leur en semble digne. »

Chez les Labdacides, il faut souligner cette absence de relation entre les pères et les fils et les deuils que ces derniers ne peuvent pas faire. En effet, le fils de Polydoros, Labdacos, voit son père mourir prématurément et lui-même meurt quand Laïos arrive à sa première année d'existence. Un enchaînement qui ne sera pas sans conséquences, laissant la charge des deuils non faits s'accumuler avec les générations. Pour nous introduire déjà au prochain chapitre qui traitera plus spécifiquement des aliénations thébaines, Didier Dumas résume une partie de la situation. « Ce mythe n'en est pas moins tout d'abord une histoire de transmission père-fils : il s'ouvre sur la figure d'un père, Laïos, aussi incapable de désirer que de ne pas désirer un fils. Pour une mystérieuse raison symbolisée par l'oracle, ce père se croit obligé de tuer l'enfant au moment même où il lui donne vie. Ce qui fait qu'il n'arrive à faire ni l'un ni l'autre. Laïos est ainsi présenté comme un fou qui fait un enfant tout en essayant de ne pas le faire. Pour tout clinicien du généalogique recevant un tel papa, cela signifie qu'il souffre d'une très grave carence de père antérieur. Si Œdipe souffre donc, en retour, de quelque chose, c'est d'un père qui en a lui-même dramatiquement manqué. Que nous apprend la mythologie grecque à son sujet ? Héritier de la famille régnante de Thèbes, Laïos est en effet orphelin de père. Son enfance a été marquée par de sanglantes luttes de succession qui l'ont obligé à fuir Thèbes. Sur les trois générations qui le précédent, l'histoire de sa famille paternelle est marquée par la disparition tragique des pères. Son père, le roi Labdacos (le « Boiteux »), est décédé alors qu'il était encore enfant. Labdacos était lui-même orphelin de père, et la première régence qui a ouvert son règne, celle de Nyctée, son grand-père maternel, s'est terminée par son suicide. »[131]

Alors qu'il en est le roi, Laïos quittera Thèbes pour consulter l'oracle et savoir ce qu'il convient de faire à propos d'une Sphinge qui dévore tous les Thébains incapables de résoudre ses énigmes. Léopold Constants[132] résume ce nouvel épisode. « Laïos était parti de Thèbes pour aller consulter la Pythie au sujet du fléau qui désolait la ville. Suivant le Pseudo-Pisandre, la Sphinge aurait été envoyée aux Thébains par Junon du fond de l'Ethiopie, parce qu'ils n'avaient point puni Laïos de son amour infâme pour le beau Chrysippe, qu'il avait enlevé de Pisé, abusant de l'hospitalité de Pélops, son père, et donnant le premier l'exemple d'un amour contre-nature. L'enfant se tua de désespoir, son père Pélops maudit l'auteur de ce crime, Laïos, et l'effet de cette malédiction se porta sur le fils et les petits-fils de ce prince. Cette légende de Chrysippe, qu'Euripide a portée au théâtre, en y cherchant une explication morale aux malheurs des Labdacides, était connue du reste par les traditions du Péloponèse [...]. Lactantius (ou Lutatius) Placidus, le commentateur de la Thébaïde de Stace, explique ainsi cette haine de

---

[131] Didier Dumas (2000), *Et l'enfant créa le père*, Hachette, Paris, p. 137.
[132] Léopold Constants (1881), *La légende d'Œdipe*, Slatkine, 1974, Genève, p. 26.

Zeus, qui, d'après le poète, aurait été l'auteur des malheurs d'Œdipe et des Thébains. »

L'endettement des Labdacides envers les lois non écrites ne se retrouve pas seulement avec l'apparition de la Sphinge. Avec Œdipe il continuera à peser sur la suite de l'histoire de Thèbes. Comme nous allons le voir, à la troisième génération, la politique du refoulement des Labdacides se retrouve confrontée à sa limite et la collectivité verra sa survie menacée. À Œdipe d'en supporter la charge pour intégrer cet héritage et renouer avec le geste fertile de Cadmos. Il synthétisera le conflit des forces opposant la filiation autochtone à celle des Labdacides avant de restaurer avec Thésée la dimension symbolique perdue à Thèbes.

Aliénations thébaines

S'établissant en terre grecque, la symbolique de Cadmos se divise en deux parties, deux descendances spécifiques. La dualité qui les oppose met en scène cet écart entre les lois non écrites et celles écrites. Comme la légende de Thèbes nous le raconte, entre les Autochtones et les Labdacides le conflit aux origines ne cesse de rebondir.

Les drames thébains s'entendent comme perte de la dimension symbolique et du sujet en eux, un manque qui laisse le champ libre au développement des aliénations transgénérationnelles. L'amplification des héritages psychogénéalogiques que nous repérons dans l'histoire de Thèbes a donc pour toile de fond la division d'une psyché s'écartant de sa capacité à intégrer les événements.

L'impossible deuil de Penthée

Dans ce décor perturbé surgit le premier événement dramatique de l'histoire de Thèbes : l'infanticide d'Agavé. Le massacre de Penthée, voulu par les dieux de l'Olympe, installe Polydoros à la tête de la cité. Une révolution qui s'effectue aux dépens de Penthée, dont le deuil sera impossible à faire pour sa mère mais aussi pour ce qui répond du principe de fécondité maternel. Oublié et refoulé par la soumission aux dieux de l'Olympe, tant qu'il ne s'inscrit pas dans son histoire, ce meurtre reste à la charge de Thèbes. Les conditions sont remplies pour donner vie à son fantôme, un héritage pour les Labdacides qui ne manquera pas d'affecter toute la filiation. Rappelons que les pères et les fils de cette lignée ne coexistent jamais : les pères meurent peu après la naissance de leurs fils. Les deuils des pères dans la lignée des Labdacides ne sauraient se faire sans qu'au préalable paix soit rendue à l'âme de Penthée. Le fantôme de Penthée qui hante la psyché des Labdacides finira par prendre forme humaine avec Œdipe. Le condamné des dieux reviendra du Mont Cithéron se rappeler au bon souvenir des Thébains.

L'histoire de Thèbes illustre de cette façon une loi non écrite relative aux conséquences des deuils non faits. Erwin Rohde l'observe dans les grands textes classiques : « D'après le conception homérique, l'homme a une double existence, sous sa forme visible et dans son image invisible, qui ne devient libre qu'au moment de la mort. Voilà ce qu'est sa psyché ; elle ne peut rien être d'autre. Ainsi donc, cette conception nous présente l'homme vivant un hôte étranger, un *double*, moins consistant, un second *moi*, qui en qualité de « psyché », habite en lui. Cela nous paraît bien étrange. Mais c'est là exactement la croyance de tous les peuples qu'on appelle « primitifs »[133], comme l'a montré entre autres Herbert Spencer avec une remarquable pénétration et il n'y a rien de surprenant à voir les

---

[133] Dans leurs significations primitives, le *genius* des Romain, la *fravaschi* des Perses et le *ka* des Égyptiens ne sont autres choses qu'un εγδωλου, qui reproduit le moi visible de l'homme, un second moi.

Grecs eux-mêmes partager une opinion si naturelle au génie de l'humanité primitive. »[134]

Comme Euripide l'expliquait, aux yeux des Labdacides, le massacre de Penthée n'est que justice divine. Mais pour Agavé et la fonction matricielle de la fertilité qu'elle représente, la meurtrissure est sans pareille, inexpiable dans une culture qui se moque des lois non écrites, lesquelles réclament le respect dû aux morts ainsi que la nécessité de les faire entrer dans l'histoire. Divisée, la psyché patriarcale croit pouvoir masquer cet abîme entre les lois naturelles et celles que les hommes délèguent aux dieux. Perverti, le rapport des Labdacides à la Terre-Mère se fait souffrance, par exemple dans un problème lié aux jambes, trait d'union à la Terre. En effet, Labdacos est boiteux, Laïos est « gauche » et Œdipe a les pieds enflés. Répétons-le puisque c'est ici le cas de le redire, la solution du refoulement est boiteuse, et, comme nous le verrons, elle ne tiendra pas plus de trois générations. Avec les Labdacides, les lois écrites tentent de s'imposer à celles non écrites. Elles y parviennent pour un temps, celui d'un exil de la dimension symbolique, laissant s'accumuler le poids d'une dette envers les lois naturelles. La légende nous enseigne que même refoulé ou dénié avec le concours d'une soi-disant justice divine, tôt ou tard, les événements en manque d'intégration refont surface. Ils sont toujours en attente d'entrer dans l'histoire, qu'une page leur soit consacrée avant de pouvoir être tournée. Le deuil gelé resté à charge de la culture patriarcale finira par déployer ses effets et anéantir les Labdacides.

Cet écart entre les lois patriarcales d'avec celles non écrites donne le ton des conflits aux origines, aux parents et aux aïeux, ce qu'Œdipe réactualise. Son destin l'obligera à renouer ces deux registres pour accéder à la symbolisation d'une fonction de

---

[134] Erwin Rohde (1928), *Psyché, le culte de l'âme chez les Grecs et leur croyance à l'immortalité*, Payot, Paris, p. 5.

sujet que Sophocle nous propose à la fin de son œuvre. Ici le mythe démontre ses qualités symboliques, au-delà des conflits aux origines. Sur ce point mentionnons l'hypothèse de Nicos Nicolaïdis[135] : « À mes yeux la clef du mystère irregardable se trouve dans la structure de la prière de Thésée, prière particulière qui doit dire au messager que le roi d'Athènes adore *à la fois et dans une même prière la Terre et l'Olympe divin*. En se fiant à la réaction de Thésée nous pouvons imaginer que ce qu'il a vu (peu importe la thématique du spectacle) l'a obligé d'inclure dans ses prières à la fois les divinités chtoniennes et olympiennes ». Un épilogue conforme à l'analyse transgénérationnelle où l'antagonisme entre les Autòchtones et les Labdacides doit être dépassé. La boucle est alors bouclée en quelque sorte. En restaurant la symbolique fertile de Cadmos, après qu'elle fut perdue dans la rivalité entre ses deux descendances, Œdipe renoue avec la dimension symbolique qui fut celle de son aïeul lorsqu'il créa Thèbes.

Pour bien comprendre les héritages transgénérationnels d'Œdipe, analysons maintenant séparément ce qui lui vient de Laïos de ce qui passe par Jocaste.

L'héritage de Laïos

Le sacrifice d'un nouveau-né n'est pas une nouveauté dans l'histoire des actions monstrueuses que les hommes accomplissent pour se dédouaner d'une dette imaginaire envers leurs dieux, symptôme de leur incapacité à assumer une fonction de parents édificateurs. Comme s'il fallait rendre aux dieux le produit de leur supposée omnipotence et agir en sorte d'alimenter cette croyance. Partant de la tentative d'Abraham de sacrifier Isaac, Eliade Mircea précise les rapports entre procréation, croyances et rituels religieux : « Sous l'angle

---

[135] Nicos Nicolaïdis (1980), « Œdipe : le message de la différence », dans *Psychanalyse et culture grecque*, Les Belles Lettres, Paris, p.193.

formel, le sacrifice d'Abraham n'est rien d'autre que le sacrifice du premier-né, usage fréquent dans ce monde paléo-oriental, dans lequel les Hébreux ont évolué jusqu'à l'époque des prophètes. Le premier enfant était souvent considéré comme celui du dieu ; en effet, dans tout l'Orient archaïque, les jeunes filles avaient l'habitude de passer une nuit dans le temple et concevaient ainsi du dieu (de son représentant, le prêtre, ou de son envoyé, l'« étranger »). Par le sacrifice de ce premier enfant, on rendait à la divinité ce qui lui appartenait. Le sang jeune augmentait ainsi l'énergie épuisée du dieu (car les divinités dites de la fertilité épuisaient leur propre substance dans l'effort déployé pour soutenir le monde et assurer son opulence ; elles avaient donc elles-mêmes besoin d'être régénérées périodiquement). Et, dans un certain sens, Isaac était un fils de Dieu, puisqu'il avait été donné à Abraham et à Sarah alors que celle-ci avait largement dépassé l'âge d'enfanter [...] C'étaient des actes qui trouvaient leur justification en eux-mêmes ; ils s'encadraient dans un système logique et cohérent : ce qui avait été à Dieu devait lui revenir. »[136]

Précisément, dans la légende de Thèbes, la culture olympienne s'établit avec le sacrifice de Penthée. L'emprise de Dionysos sur Agavé précipita l'infanticide pour voir, à sa suite, le pouvoir passer de la filiation autochtone à celle patriarcale. L'assujettissement des Thébains aux dieux et l'intronisation de Polydoros font d'une division de la psyché la norme collective. Quand les humains se soumettent aux volontés sacrificielles divines, les pères (Laïos) comme les mères (Agavé), s'annulent comme parents et font étalage d'une absence de fonction édificatrice parentale. Ils sont représentatifs d'une collectivité névrosée, voire psychotique, aliénée d'un transfert qui déshumanise l'autre. Dominique Giovannangeli le précise, Laïos exposerait son fils « au nom de la communauté toute entière

---

[136] Eliade Mircea (1969), *Le mythe de l'éternel retour*, Gallimard, Paris, pp. 126-128.

qu'il représente »[137] puisque son nom se réfère au *Publicus, celui-du-peuple.*

Pour analyser l'effet aggravant de la division de la psyché, comparons l'attitude d'Abraham à celle de Laïos. La chose a son intérêt puisqu'en évitant de sacrifier son fils, Abraham se sauve en tant que père. Il déplace son transfert morbide sur un animal qu'il sacrifiera à la place de son fils. Dans le conflit qui l'oppose à ses commandements inconscients, il parvient à préserver une part de sa paternité en offrant à Isaac de survivre.

Cette alternative échappe à Laïos. Ses aliénations l'empêchent d'interpréter correctement la parole de l'oracle. Celle-ci reflète une vérité pure, intemporelle, qui concerne autant le passé que le présent et le futur, et qui dit clairement que Laïos est tellement aliéné que le fils qu'il engendrera se trouvera dans l'obligation de le remplacer dans le rôle qu'il ne saurait assumer. Laïos et Jocaste sont stériles dans la mesure où ils ne donnent pas vie au sujet en Œdipe. Ils donnent vie à un enfant, mais pas au sujet dans cet enfant. Pour qu'il advienne en tant que sujet Œdipe devra renaître par lui-même. Le parricide et l'inceste signifient qu'Œdipe n'est pas encore sujet. Ils sont les épreuves sur la route qui le conduit à découvrir la vérité sur la véritable identité de ses parents, une vérité qui lui fut cachée et qui empêchait jusqu'alors sa naissance en tant que sujet.

Mais Laïos n'hésite pas à sacrifier son enfant pour soi-disant satisfaire la volonté divine. Combien sont-ils qui, de la même manière, justifient leurs folies en prétendant agir au nom des dieux ? Aussi la solution sacrificielle de Laïos de rendre aux dieux ce fils, que symboliquement il ne saurait générer, paraît-elle logique. L'absence de sujet en lui l'empêche d'agir sur ses croyances, ne serait-ce que pour déplacer son transfert comme

---

[137] Dominique Giovannangeli (2002), *Métamorphoses d'Œdipe*, De Boeck Université, Bruxelles, p. 23.

Abraham y est parvenu. Coupé de lui-même, Laïos n'a pas conscience de son conflit psychique qu'il projette sur Œdipe. La stérilité qu'il partage avec Jocaste les renvoie à cette absence de fonction symbolique parentale. Le passage à l'acte de Laïos n'est donc qu'une conséquence de son incapacité à advenir en tant que père édificateur.

Il s'éloigne du sujet en lui, l'homme qui délègue à une pseudo volonté divine ses propres lacunes. Une observation qui mérite cependant d'être précisée dès lors qu'une religion peut elle-même émerger d'un esprit fertile. Lorsque par exemple Akhenaton réécrit la religion de son père, il crée celle du dieu Aton, et marquera l'histoire en imposant la première religion monothéiste. Comme le dira Karl Abraham, le dieu qu'il se crée est à l'image de sa créativité propre. « S'il désigne Aton comme père, cet enfant de son imagination, cette âme de son âme, nous pouvons reconnaître ici son souhait : être issu d'un père ayant les mêmes qualités personnelles que lui-même. [...] Le noyau de ces productions fantasmatiques semble être le désir de s'être conçu soi-même, d'être soi-même le père. Dans l'hymne que nous avons rapporté, il est dit d'Aton, ce double d'Echnaton à la toute-puissance paternelle, élevé au rang de dieu : qu'il s'est conçu lui-même! » [138] Si Akhenaton en est réduit à se donner vie lui-même, c'est bien que ses parents avaient manqué de lui donner naissance en tant que sujet. Le parallèle est ici frappant avec Œdipe qui a dû renaître par lui-même. Jean-Joseph Goux relève cette dimension d'auto-engendrement chez Œdipe : « Le crime d'inceste qu'il découvre ainsi est lui-même, en quelque façon, auto logique : il a fait germer sa semence, dit-il, dans le sein qui l'avait conçu. Œdipe dit de lui-même, en un mot intraduisible, qu'il est *homogenés*, ce qui signifie ici : qui a la même descendance que lui-même. Plus probant encore : on ne

---

[138]Karl Abraham (1965), « Amenhotep IV (Echnaton). Contribution psychanalytique à l'étude de sa personnalité et du culte monothéiste d'Aton », dans *Psychanalyse et culture*, Payot, Paris, pp. 159-160.

peut manquer de faire remarquer que l'un des mots grecs signifiant "incestueux" est *autogennetos*. Même s'il n'est pas employé par Sophocle, il atteste que la notion de "soi" et de "soi-même", serait-ce lorsqu'il s'agit de parents, est présente dans l'idée d'inceste, rapport sexuel "entre soi", et non pas avec d'autres. »[139] Gardons-nous cependant de perdre de vue la dimension symbolique du sujet, dont l'avènement ne dépend pas d'une relation sexuelle mais d'une parole opérante, édificatrice.

Pour revenir à la division de la psyché moderne, comprenons que Laïos diffère d'Abraham comme le clivage du refoulement. Ce dernier préserve la possibilité d'un regard critique sur sa névrose, entre soi et sa nécessité transférentielle. S'opposer aux injonctions de sa nécessité transférentielle permet à Abraham de ne pas passer à l'acte sur son fils pour maintenir un échange entre le réel et la fonction divine, écho de son inconscient. De ce dialogue entre lui-même et son inconscient, entre l'homme et le dieu projeté, Abraham débouche sur l'au-delà d'un transfert qu'il parvient à déplacer à défaut d'en analyser la nature profonde.

La division névrotique telle qu'on l'observe chez Abraham peut s'amplifier à la prochaine génération et produire le même clivage qui caractérise Laïos. Sans doute faut-il ici revenir sur une des lois transgénérationnelles que j'ai abondamment présentée et discutée dans le précédent ouvrage[140]. Au fil des générations, les manques d'intégrations de certains vécus conflictuels (trauma, deuils, ruptures, fautes, secrets, etc.) qui sont à la place refoulés ou déniés, correspondent à une perte grandissante de l'unité symbolique. Serge Tisseron[141] explique

---

[139] Jean-Joseph Goux (1990), *Œdipe philosophe*, Aubier, Paris, p. 143.
[140] Thierry Gaillard (2020), *L'intégration transgénérationnelle, aliénation et connaissance de soi*, Génésis, Genève.
[141] Serge Tisseron (sous la direction de), (1995), *Le psychisme à l'épreuve des générations : clinique du fantôme*, Dunod, Paris.

ce crescendo : ce qui n'est pas dit en première génération devient innommable en deuxième génération, impensable en troisième génération pour parfois, se manifester en acte et faire retour dans le réel. Françoise Dolto disait à ce propos que les psychoses se « construisent » sur trois générations. Parmi de nombreux auteurs[142] mentionnons encore l'analyse de Guy Ausloos[143] pour qui les secrets des parents offrent leur sens aux passages à l'acte des enfants. De cette littérature toujours plus abondante il apparaît que les aliénations transgénérationnelles divisent plus radicalement à chaque génération la psyché des descendants. En fonction de ce principe, le complexe des Labdacides va s'aggraver avec les générations. Partant du meurtre de Penthée, il devient un non-dit chez Polydoros, un impensable chez Labdacos et, finalement, se retrouve dans le passage à l'acte de Laïos. Même s'il n'en a pas conscience, Polydoros hérite du problème en même temps qu'il monte sur le trône, puisque c'en est la cause. Refoulé chez Labdacos, clivé chez Laïos, le complexe des Labdacides confère au réel l'apparence de ce qui est dénié quand survient Œdipe, supposé parricide avant même de naître.

À défaut d'en être le père édificateur, l'enfant que biologiquement Laïos conçoit se présente comme le reflet de ses propres manques. L'oracle en parle, c'est du moins ce qu'il s'agirait d'entendre. Il dit les lacunes de Laïos, son tribut envers les lois non écrites, hérité de ses parents et reporté sur sa descendance. Ce faisant, l'oracle offre à Laïos le miroir de ce qu'il lui faudrait intégrer : l'histoire non encore symbolisée des origines de Thèbes. Comme nous l'avions déjà analysé, le discours de l'oracle condamne la filiation autochtone venue usurper les privilèges des dieux depuis que Cadmos rendit

---

[142] Jean-Claude Rouchy (sous la dir. de), (2001), *La psychanalyse avec Nicolas Abraham et Maria Torok*, Érès, Paris.
[143] Guy Ausloos (1980), *Œdipe et sa famille, les secrets sont fait pour être agis*, Dialogue no.70, Érès, Paris.

fertile la terre thébaine, qu'il féconda le « sillon générateur ». L'oracle annonce très clairement un retour au matriarcat, conséquence des abus de la modernité qui se moque les lois non écrites de la vie. Laïos qui prend cette parole au premier degré est piégé par ses propres projections. Sa condamnation d'Œdipe ne fait que d'amplifier la problématique de départ avec les reproches déjà formulés à l'encontre de Penthée et à tous celles et ceux issus de la Mère Terre.

Incapable de penser, Laïos perpétue la solution moderne, repoussant les limites d'une dette envers les lois non écrites, se contentant de s'en défaire sur le dos de sa progéniture. Il lègue à son fils l'histoire tombée dans l'oubli. Une charge s'alourdissant au point de le faire naître condamné. Bien que géniteur, en sacrifiant son rejeton, Laïos n'est pas père sur le plan symbolique. À l'inverse d'une fonction édificatrice parentale, Laïos fétichise son enfant devenu support de ses projections. Il se coupe du réel et de ce fils qui n'a, a priori, rien à voir avec l'histoire non intégrée de son père. Cet éloignement du réel signe son arrêt de mort. Le message symbolique du mythe est clair : porté à son apogée, l'aveuglement des humains se fiant uniquement aux lois écrites les conduira à leur perte. Le réel provisoirement caché derrière l'aliénation moderne refera surface aussi sûrement qu'après la pluie viendra le beau temps.

Même normalisés dès lors qu'ils sont partagés de manière collective, le refoulement des origines et le recours aux idéaux n'en sont pas moins une solution de substitution du rapport aux parents réels, un vécu auquel il faut rendre des comptes selon le fonctionnement des lois non écrites. Le mythe n'est pas complice de cette politique moderne - tout comme Sophocle n'est pas obligatoirement victime de son Œdipe. Au contraire, la légende s'emploie à démontrer qu'une telle substitution ne saurait empêcher les lois non écrites de déployer leurs effets, les manques d'intégration de rejaillir avec les drames qui précipiteront la lignée des Labdacides vers sa fin.

La perspective d'une intégration des héritages de Thèbes ne viendra qu'avec la renaissance d'Œdipe et avec la restauration du symbolique que Sophocle situera à Colone. Le mythe épargne Œdipe pour mieux confronter la politique du refoulement à sa propre limite. Par Œdipe, la logique sacrificielle, celle qui condamna Penthée, se retrouve confrontée au fantôme qu'elle avait généré plusieurs générations auparavant. Le fantôme de Penthée, ce fils sacrifié aux dieux, revient sur le devant de la scène avec Œdipe. Parce qu'il n'a pas compris l'oracle, Laïos s'en sert pour répéter sur la personne d'Œdipe les mêmes reproches jadis adressés à Penthée par les dieux de l'Olympe. La sagesse de Sophocle sera d'offrir à Œdipe un deuxième souffle, se jouant de la folie de Laïos et de toute la politique moderne. Avec ses pièces il nous convoque ailleurs, vers une symbolisation du conflit des origines. Il respecte les lois non écrites et rappelle la nécessité d'intégrer l'événement du massacre de Penthée. Impossible de se contenter plus longtemps du refoulement et de l'idée d'un châtiment divin mérité. Les lois non écrites de la vie ne sauraient être indéfiniment bafouées par celles que les Thébains avancent pour condamner les enfants de la Terre. Le retour à un équilibre répond aux lois naturelles d'intégration, et, en ce sens la survie d'Œdipe semble écrite d'avance. Une sorte de providence qu'il nomme sa « dame fortune ».

La sagesse du mythe et son aptitude à symboliser les origines dépassera l'antagonisme des deux filiations thébaines. Tout l'art de Sophocle sera d'y contribuer en pointant l'essentiel, le retour d'un manque avec la peste qui menace de rendre la contrée à son état initial, avant les exploits de Cadmos. Car la peste vient signifier l'éloignement d'une collectivité des forces vivantes qui régissent la fécondité. Il s'agit en effet de mettre en rapport le prolongement par Œdipe de la tragédie de Penthée avec le retour au premier plan de la véritable source de fécondité, celle instaurée par Cadmos. Ne l'oublions pas, l'origine de Thèbes vient du geste symbolique et fertile de l'aïeul lorsqu'il planta les dents du dragon dans la terre. Au début d'*Œdipe-roi*, une symbolique de la fertilité est à nouveau requise. Œdipe offre aux Thébains de renouer avec leur histoire non intégrée qui aliène les hommes comme les femmes. Ces dernières, depuis Agavé et jusqu'à Antigone, souffrent du deuil gelé de Penthée. À cause du régime Olympien, le sort du féminin-maternel est scellé, condamné au silence et donc empêchée d'intégrer cet événement. La peste est la réponse du tarissement des sources de la vie. Les premiers désignés, Œdipe et Penthée cèdent aux dieux de l'Olympe leurs places sur le banc des accusés. Un renversement peut-être identique à celui opéré par Akhenaton devant l'impuissance des dieux de son père à délivrer l'Egypte de la peste. Restaurer la fécondité de la Terre-Mère suppose la fin du régime instauré par Dionysos, la réécriture de l'histoire. Revenir sur la condamnation de Penthée, c'est aussi revenir sur la succession de Cadmos et comprendre que le retour d'Œdipe s'inscrit dans l'ordre naturel d'une nécessité à intégrer le passé non passé pour restaurer la fertilité première. Les besoins d'une telle réécriture des événements non intégrés (le meurtre de Penthée) se font aussi ressentir avec l'arrivé de la peste. Elle qui révèle cet endettement envers les lois de la vie qui s'est alourdi au fil des générations et qui finit par se retourner contre les héritiers du complexe des Labdacides.

Dans le contexte de l'histoire thébaine, l'échec de la tentative d'infanticide de Laïos apparaît donc comme limite d'une perpétuation de la solution du refoulement. Ce passage à l'acte raté nous offre d'apprécier l'intelligence supérieure du mythe sur la psyché moderne, du *mythos* sur le *logos*.

Par ailleurs, le clivage de Laïos est lui-même à l'origine du fantôme de Penthée que l'inconscient collectif projette sur Œdipe. Ce dernier représente ce que Laïos et les Thébains ne symbolisent pas. Leurs manques d'intégration s'accroissant, les solutions provisoires mises en place par le refoulement patriarcal se retournent contre ses partisans lorsque les lacunes se transforment en symptômes et que le passé non intégré se projette sur le réel. La paranoïa de Laïos y trouve son origine. Alors qu'Abraham conserve un rapport à la présence de son fils, au-delà de son transfert, Laïos pour sa part, réduit Œdipe à l'image de son transfert, imperméable au réel et à l'autre en tant que tel. Mais Œdipe ne saurait être simplement réduit à ce passé non intégré. Si le regard de son père l'aliène, cela ne le fait pas pour autant disparaître derrière cette fonction fétiche. Se supportant des lois non écrites, la réalité de son existence plaide pour sa cause, le préserve de la folie de Laïos. Œdipe existe pour lui-même et non pas comme objet transférentiel auquel tous le réduisent. En cherchant à solutionner la peste, il répond présent pour affronter et s'émanciper de ses héritages. Il donne carte blanche à sa part authentique, celle du sujet en lui qui réclame d'advenir. Contrairement à Laïos qui prend les choses au pied de la lettre, Œdipe cultive son intelligence. Il symbolise son rapport au monde, qu'il s'agisse de résoudre l'énigme de la Sphinge, ou face à la peste.

Alors bien sûr, quand Laïos croise la route d'Œdipe, les forces refoulantes sont balayées par le retour des manques de symbolisation cumulés jusqu'à faire déborder un océan, réponse des lois non écrites trop longtemps bafouées. Celles-ci ne réduisent pas Œdipe au transfert de Laïos. Pour elles, Œdipe existe de plein droit. Ce dernier prend l'ascendant sur son meurtrier comme le réel prend le pas sur la projection de Laïos. Tout transfert n'est-il pas à la merci d'un retour de la vérité, la déformation du réel programmant elle-même sa contrepartie ?

Le destin d'Œdipe sera de survivre pour signifier à ses parents leurs abus envers les lois non écrites. Le mythe ne fait pas de cadeaux, et pas plus que Laïos, Jocaste ne sera épargnée. À elle aussi, les aliénations qu'elle n'aura pas intégrées seront fatales.

L'héritage de Jocaste

De Jocaste émane une discrétion significative, l'indice d'un presque rien. Sœur de Créon, elle descend des Chtoniens, de la filiation autochtone que Cadmos engendra avec les dents du dragon. D'après Jean-Pierre Vernant, Jocaste « se rattache par sa filiation à Échion. Elle est l'arrière-petite-fille de celui-ci qui, comme Chthonios, représente l'hérédité nocturne et sombre. »[144] Elle a hérité du silence auquel fut réduite Agavé, ce qui ne signifie nullement qu'elle ne soit pas active dans ce qui se trame autour d'Œdipe, avant même qu'il naisse. L'origine de sa stérilité remonte à la condamnation divine de Penthée, l'événement dont nous disions qu'il laissa Agavé et avec elle, le matriciel terrien (ou chtonien) dans un deuil gelé. La soumission d'Agavé envers Dionysos se rejoue dans l'impuissance de Jocaste face à l'oracle et à la condamnation d'Œdipe. Cette soumission aux dieux de l'Olympe n'empêche pas d'invoquer les déesses plus anciennes, Chtoniennes.

Le consentement de Jocaste à abandonner son fils aux bêtes sauvages interroge son désir d'enfant. Est-il fruit de son aliénation ou conséquence d'une fonction parentale fertile ? Enivrer son mari pour concevoir Œdipe n'est-ce pas déjà une procédure qui nous renvoie au dieu du vin, Dionysos alias Bacchus, pour nous rappeler la scène qui hante la matrice de la Terre-Mère de Thèbes. L'artifice dionysiaque employé par Jocaste ne répond certes pas aux lois naturelles de procréation. La conception d'Œdipe ne fait que soulager la nécessité transférentielle qui aliène Jocaste. En accouchant d'un être condamné par avance, elle se contente de rejouer l'héritage d'un deuil gelé, donnant un corps au fantôme de Penthée. Aliénée, elle enfante pour mieux voir et faire voir le meurtre du fruit de son hymen dont elle souffre au plus profond de son âme. Tant

---

[144] Jean-Pierre Vernant (1999), *L'univers, les dieux, les hommes*, Seuil, Paris, p. 196.

que la symbolisation et l'intégration du drame d'Agavé fait défaut, la chose est vouée à la répétition. Symptomatique, une telle naissance offre au couple le prétexte d'une réponse infanticide.

Œdipe n'est pas reconnu pour lui-même aussi longtemps qu'il est l'objet d'un conflit entre les lois non écrites et les nouvelles. Otage des aliénations de Laïos, de Jocaste et des Thébains, le rôle de fétiche lui colle à la peau. Si l'âme de Penthée se prolonge par son intermédiaire, lui n'a donc pas véritablement d'existence en propre. Avant de rencontrer Thésée, personne ne reconnaîtra la part du sujet qui l'habite. Mais il lui faudra d'abord renaître en tant que sujet, condition à son émancipation de ses héritages transgénérationnels. Voilà ce que Sophocle nous donne à entendre : le désir d'advenir en tant que sujet comme moteur d'une émancipation transgénération-nelle. Mais avant d'intégrer son héritage transgénérationnel, Œdipe devra d'abord en prendre la mesure, commettant parricide et inceste pour découvrir la véritable identité de ses parents. Ces passages à l'acte sont des étapes symptomatiques vers sa rencontre de la peste et vers la découverte de ses origines, c'est-à-dire de lui-même.

Comme Laïos, Jocaste porte des héritages sans rien pou-voir assumer. Ils sont des agents passifs (des *Personae*) perpétuant l'aliénation des Thébains. À défaut de la symboliser, ils en renouvellent les effets et font d'Œdipe le portefaix du fantôme de Penthée. Ce n'est qu'à cette condition qu'en apparence Jocaste redeviendra fertile. Sur le plan symbolique, elle reste stérile, incapable de donner vie au sujet dans son enfant.

Les lois non écrites qu'elle ne symbolise pas se retournent contre Jocaste de la même manière qu'elles le firent pour Laïos. Seule une intégration de l'histoire oubliée lui offrirait une alternative au geste suicidaire qu'entraîne le dévoilement de la vérité. Dans le mythe, même s'il y eu transgression de tabous, par sa renaissance, Œdipe offre à Jocaste comme à Polynice et à tous, le modèle d'un mouvement d'intégration des aliénations. Au contraire, se suicider comme le fait Jocaste, c'est manquer de se connaître et prendre le contre-pied d'une renaissance.

Antigone

Pas plus que Jocaste, Antigone n'intègre son héritage transgénérationnel. Prisonnière et aliénée de l'histoire non intégrée de Thèbes, elle s'engouffre dans l'abîme séparant les anciennes divinités Chtonienne de celles Olympiennes[145]. À aucun moment elle ne semble pouvoir renouer avec la dimension symbolique qui l'en émanciperait. Elle incarne le destin d'une victime de toute une population exilée des sources de la fécondité. Alors qu'elle tente de faire entendre les lois non écrites, celles qui réclament que les deuils se fassent, elle est sacrifiée par les Thébains qui poursuivent la tradition du refoulement de leurs origines. Entre les lois écrites que Créon incarne et leurs conséquences aliénantes qu'Antigone porte à sa charge, personne n'accède au symbolique ni ne perçoit la nécessité d'advenir comme sujet. L'antagonisme entre *Persona* et *style nirvâna* consomme les acteurs des deux bords sans qu'aucun ne parvienne à sortir du conflit qui les oppose.

Il eut fallu qu'Antigone puisse intégrer ses propres héritages transgénérationnels et faire la part entre l'aliénation dont elle hérite et ce qu'elle aurait souhaité en dire. Car ici les deuils non faits à Thèbes la possèdent plus qu'elle-même ne se possède. Antigone tente alors surtout de porter ce mal à l'attention d'un éventuel sauveur, à quelqu'un qui puisse l'aider

---

[145] Pour une analyse approfondie, se référer au sixième chapitre de *L'intégration transgénérationnelle*, « La stérilité de Jocaste, l'héritage d'Antigone ».

à advenir sujet, à l'instar de ce qui se joue entre Œdipe et Thésée.

Patrick Guyomard propose aussi de prendre en compte l'héritage que Jocaste laisse à sa fille. « L'opposition de Jocaste et d'Antigone recouvre une profonde solidarité que Lacan n'analyse pas. L'ensemble des questions ouvertes et posées par ce rapport est immédiatement refermé par (et sous) le nom - le signifiant - qui vient tout clore, celui d'une fatalité – de l'*até* – familiale. Malheur qu'Antigone vient clore en enlevant par sa mort toute descendance, issue d'elle, à la famille des Labdacides. Si le désir de la mère, Jocaste, est radicalement destructeur, il ne reste à sa fille qu'à mourir et à bien souscrire par ce redoublement, à la destructivité de ce désir qui tue deux fois. Nommée destin, désir de la mère, cette mort vient jeter sur la mère son ombre assassine. Comme si Jocaste, comme toute mère, pouvait donner la vie sans aussi, mais dans un autre sens, donner la mort ; et comme si, toutes origines confondues, il n'avait tenu qu'à elle que l'origine soit pure et le désir, tout désir, non porteur de destruction. Pourquoi cette surdétermination d'une assignation de responsabilité sur le maternel ? Le père se serait-il engendré lui-même ? »[146]

Même s'il nous rappelle ce qui est laissé pour compte, la dette dont il faudrait s'affranchir, le destin d'Antigone n'est certes pas à suivre. Les psychanalystes non dupes de son aliénation devraient dénoncer ici la simple course vers la mort d'Antigone. Un *antigonisme* qui fait primer l'inconscience sur cette part de soi qui réécrit l'histoire, celle du sujet. En effet, prendre soin des manques d'une collectivité, les rappeler à la conscience et invoquer un autre principe de réalité comme le fait Antigone, ce n'est pas s'affranchir de ses aliénations pour advenir sujet.

---

[146] Patrick Guyomard (1992), *La jouissance du tragique*, Aubier, Paris, p. 62.

Comme sa mère, Antigone est soumise aux déesses de ses ancêtres et, au titre d'un rapport au divin, comme Créon et Laïos, tous se vouent au grand tiers, le délégué du soi refoulé. Plusieurs fois elle en appelle aux dieux d'avant les lois écrites, gardiennes des sources de la fécondité. Mais elle n'en est que la porte-parole et n'aura pas elle-même, en tant que sujet, réécrit sa préhistoire. Elle aussi reste soumise à un idéal venu combler un manque de symbolisation des origines, de la fécondité.

Son conflit à Créon rappelle la tragédie de Penthée lorsque les Labdacides s'approprient le trône au détriment des Autochtones. Aliénée et héritière d'une tradition hellénique matriarcale, Antigone aussi souffre de cette perte de la symbolique que Cadmos apporta en Grèce dans le conflit entre les deux filiations.

Un extrait d'*Antigone* illustre cette impasse : « Créon : Ainsi tu as osé passer outre à ma loi ? Antigone : Oui, car ce n'est pas Zeus qui l'avait proclamée ! Ce n'est pas la Justice, assise aux côtés des dieux infernaux ; non, ce ne sont pas là les lois qu'ils ont jamais fixées aux hommes, et je ne pensais pas que tes défenses à toi fussent assez puissantes pour permettre à un mortel de passer outre à d'autres lois, aux lois non écrites, inébranlables, des dieux ! Elles ne datent, celles-là, ni d'aujourd'hui ni d'hier, et nul ne sait le jour où elles ont paru. Ces lois-là, pouvais-je donc, par crainte de qui que ce fût, m'exposer à leur vengeance chez les dieux ? Que je dusse mourir, ne le savais-je pas ? Et cela, quand bien même tu n'aurais rien défendu. Mais mourir avant l'heure, je le dis bien haut, pour moi, c'est tout profit : lorsqu'on vit comme moi, au milieu des malheurs sans nombre, comment ne pas trouver de profit à mourir ? Subir la mort, pour moi n'est pas une souffrance. C'en eût été une, au contraire, si j'avais toléré que le corps d'un fils de ma mère n'eût pas, après sa mort, obtenu un tombeau. De cela, oui, j'eusse souffert ; de ceci je ne souffre pas. »[147]

À défaut d'être réécrite, l'histoire se répète et la pauvre Antigone va incarner le symptôme dont la Terre-Mère de Thèbes souffre depuis l'infanticide de Penthée. Emmurée vivante dans une caverne, elle s'y donne la mort. Bel exemple de *style nirvâna*, dont la mise en scène est si éloquente. Ce destin ne dit-il pas la fécondité meurtrie, ne figure-t-il pas le deuil gelé des enfants de la Terre-Mère ? Même son nom, *anti-goné*, qui signifie en grec le contraire du gène fertile, renvoie aux lacunes d'une fonction édificatrice parentale.

Ce conflit entre Antigone et Créon s'inscrit comme cas particulier d'une problématique plus générale. Nicole Loraux nous expose les enjeux des deuils à faire et dont la cité cherche à se défaire. « Le plus souvent, le *pathos* est récurrent, prévisible comme le sont les événements qui, en leur inévitabilité, rythment le temps des hommes ; aussi, contre le risque d'affect trop fort, la cité, en collectivité bien organisée, a-t-elle forgé un appareil de lois et de réglementations. À ce chapitre il faut inscrire la question du deuil et des pratiques qui visent à lui donner formes et limites, sans oublier toutefois ce qu'il a d'impraticable, cela même qui, tendanciellement, résiste à tout traitement. [...] D'où le refus de la mémoire lorsque celle-ci se voudrait gardienne des ruptures et des brèches : la cité veut vivre et se perpétuer sans discontinuité, il importe que les citoyens n'en usent pas à pleurer. Alors, rejeté du Céramique comme de l'Agora, - du cimetière officiel comme de l'espace politique -, le reste impraticable reflue dans le théâtre, *intra muros* mais à bonne distance du soi civique, et la représentation du deuil, de sa grandeur comme de ses apories, habite la tragédie, parce que le genre tragique dramatise à l'usage des

---

[147] Sophocle, « Antigone », dans *Tragédies*, Gallimard, 1962, Paris, pp. 99-100.

citoyens, l'essentiel des exclusions auxquelles procède la cité ».[148]

L'*Antigone* de Sophocle représente l'issue fatale d'un affrontement entre les lois non écrites et les nouvelles lois de la cité. Surplombant la mêlée, le poète n'en perd pas pour autant le fil d'une symbolisation de l'histoire de Thèbes comme pour lui appliquer la thérapeutique transgénérationnelle, la seule qui pourrait la sauver. Dans la pièce qui fait suite à *Antigone*, c'est-à-dire dans *Œdipe-roi*, Sophocle fait appel au Chœur pour nous rappeler au souvenir de ces morts privés d'oraison. Au début d'*Œdipe-roi* voici ce qu'il dit : « Et la Cité se meurt en ces morts sans nombres. Nulle pitié ne va à ses fils gisant sur le sol : ils portent la mort à leurs tours, personne ne gémit sur eux. »[149] Une parole qu'aucune oreille ne semble prête à entendre. Les spectateurs en sont d'ailleurs rapidement distraits avec les nouveaux événements qui leurs sont racontés, confrontés à l'épidémie de la peste qui va occuper le jeu des acteurs et des fantômes ainsi projetés sur le devant de la scène.

L'Œdipe de Sophocle

L'histoire de Thèbes nous offre le spectacle d'un volcan dont l'activité perpétue le rapport conflictuel aux origines. Ici se rejouent les luttes d'oppositions entre les dieux de l'Olympe et les divinités les plus anciennes. Elles sont les deux faces d'un même problème, celui d'un exil du symbolique, ou de la perte d'un principe premier d'unité, synonyme de fertilité. Antigone qui ne pouvait s'opposer plus passionnément à Créon eut été mieux inspirée d'intégrer son propre héritage transgénérationnel. De même Laïos condamne son fils au lieu d'analyser ses propres croyances et ses aliénations.

---

[148] Nicole Loraux (1990), *Les mères en deuil*, Seuil, Paris, pp. 20-21.
[149] Sophocle, « Œdipe roi », dans *Tragédies*, Gallimard, 1973, Paris, p. 191.

Contrairement à Laïos, Jocaste et Antigone, Œdipe sera le seul à traverser ses aliénations pour finalement renouer avec le registre symbolique, celui du geste fertile de son aïeul Cadmos. En instituant Œdipe comme garant de la prospérité, Sophocle élève un humain au-dessus des autres. Un destin qui évoque celui de Cadmos, admis dans les Champs Elysées au terme de sa vie.

Par-delà les croyances

Au-delà d'un antagonisme premier qui opposerait les dieux aux humains, les hommes prétendument religieux[150] aux athées, nous trouvons des poètes, des auteurs tragiques et autres artistes œuvrant à symboliser des phénomènes commodément attribués aux forces divines. Cette humanisation du monde est une caractéristique que Marie Delcourt ne manque pas de signaler : « Que les Grecs aient pu convertir des actes en individualités, c'est l'œuvre de leur génie poétique, non de leur génie religieux. Les poètes ont reçu de la religion populaire les héros d'origine divine, qui n'étaient guère que des ombres, et les héros d'origine liturgique, qui n'étaient guère que des mannequins. Ils lui ont rendu d'admirables figures à la fois humaines et surhumaines, capables de donner - et cela était nouveau - un enseignement moral. Ainsi, de quelques rites personnalisés, de quelques obscures superstitions, est sorti un *hero-worship* au sens de Carlyle. »[151]

L'œuvre de Sophocle s'inscrit parfaitement dans cette perspective ; la promesse d'une renaissance pour qui cherche la vérité. De Thèbes à Colone, Sophocle raconte le dépassement d'un conflit entre lois écrites et lois non écrites, l'apprentissage

---

[150] Le terme « religion » peux prêter à confusion dans le sens où il s'agit plutôt dorénavant d'une métaphysique de la religion et non pas d'une religion dans son acception première, spirituelle.

[151] Marie Delcourt (1981), *Œdipe ou la légende du conquérant*, Les Belles Lettres, Paris, p. xxxvii

de ce que suppose de vivre en bonne intelligence avec soi-même, les autres, et avec le monde. Son œuvre transcende les imperfections parentales et culturelles et raconte la renaissance d'Œdipe en tant que sujet.

Si la légende de Thèbes commence avec la perte d'un principe d'unité fertile (ou symbolique), divisée dans l'opposition des Labdacides aux Autochtones, la version de Sophocle renouera avec le premier geste fertile de Cadmos. En Boétie, l'apport égyptien de Cadmos se brise en fonction des mœurs grecques, où les humains le disputent aux dieux. L'infanticide d'Agavé, la mise au monde d'Œdipe à titre de fantôme de Penthée par Jocaste et la conduite criminelle de Laïos envers Œdipe sont des scénarios répétant le sacrifice aux dieux : le paiement d'une dette pour manquement d'une fonction édificatrice qui donnerait vie au sujet chez l'enfant. Symptomatique, cette dette envers les dieux sous-tend l'ensemble de la légende de Thèbes.

Œdipe concentre les lacunes d'une nouvelle culture où l'absence de parents édificateurs se traduit par le meurtre de l'enfant - rendu ou sacrifié aux dieux. Au lieu d'être le fruit d'une symbolique fertile, Œdipe est victime de la nécessité transférentielle de ses géniteurs qui le fétichisent. Survivre dans ce contexte suppose de se créer là où les aliénations sont toutes puissantes, de réécrire ce qui, jusqu'ici, fut rejoué en acte. Parce qu'il empêche la naissance du sujet, cet héritage laisse Œdipe dans l'inceste et le parricide. Pour advenir sujet Œdipe doit retourner à la source, et comme dans les anciens rites de passage, traverser l'obscurité jusqu'à ce qu'il en soit transformé, jusqu'à ce qu'il ait intégré ses aliénations. Le terme de cette initiation correspond à son retour parmi les hommes, illustré par l'hospitalité que Thésée lui accorde. Cette manière de comprendre le mythe est aussi parfaitement cohérente avec les lois non écrites transgénérationnelles. En renaissant comme sujet, Œdipe ingère ses origines, guérit de ses héritages aliénants et devient capable de transmettre aux nouvelles générations le savoir qu'il aura gagné.

La perte de l'unité fertile de Cadmos, longtemps laissé à l'état d'un potentiel symptomatique, éclatera au grand jour avec le destin d'Œdipe. L'histoire évoque une malédiction (ou une *até*) qui saperait les rapports des pères avec les fils de la lignée des Labdacides. Ce symptôme dans la filiation peut toutefois s'entendre comme un héritage qu'il s'agirait d'intégrer. Confronté aux aliénations de Jocaste et de Laïos, s'il n'échappe pas à son héritage transgénérationnel, Œdipe parvient néanmoins à renverser la condition qui fut celle de Penthée. S'il ne condamne pas par avance les enfants de la Terre-Mère, le mythe ne leur épargne pas pour autant de devoir réécrire leurs origines. Une dimension symbolique que Sophocle partage avec les Athéniens et qui transcende les conflits dans lesquels s'aliènent les Thébains. Pour reprendre les termes de Roberto Calasso, « la prétention athénienne était donc double : être Autochtones, nés du sol, en tant que Pélasges ; et en même temps, avoir refusé la langue du sol, la langue pélasgienne perdue, déjà incompréhensible pour Hérodote. »[152] En effet, à Colone, Œdipe change de discours pour, derrière sa fonction de fétiche, parler en son propre nom. En un sens, il ne parle plus la langue du sol, mais la sienne en tant que sujet. Évoquant son passé, il dira à son fils : « Vous êtes nés d'un autre, vous n'êtes pas nés de moi ». Une transformation qui contraste avec le destin d'Antigone toujours confondue dans la langue de ses aliénations transgénérationnelles.

Éponge familiale, Œdipe endosse en naissant les aliénations de ses parents. Et s'il parvient à rendre Jocaste fertile, c'est bien que sa naissance permet de masquer un manque chez sa mère. Représentatif de ce Penthée dont le deuil n'est pas fait,

---

[152] Roberto Calasso (1991), *Les noces de Cadmos*, Gallimard, Paris, p. 325.

le corps d'Œdipe fonctionne comme *pharmacos* pour Jocaste stérile. Donner naissance à ce fantôme soulage la crypte dont elle aura hérité. La fonction qu'Œdipe doit remplir pour Jocaste explique aussi pourquoi cette dernière ne lui oppose aucune barrière ; difficile de limiter les conduites d'un fantôme si ce n'est en le mettant à mort... La fonction thérapeutique du transfert de Jocaste sur Œdipe confirme la nature de son aliénation : la présence d'une Agavé coupable de filicide, un geste que Jocaste renouvelle avec son abandon d'Œdipe. Celui-ci remplit si bien son rôle de *pharmacos* que Jocaste en redeviendrait la digne représentante de cette Mère-Terre fertile. Mais Œdipe dépassera cette fonction fétiche pour advenir sujet.

Dans la mythologie, la fertilité est associée à la fonction royale. Selon Jean-Pierre Vernant « chez Homère, et Hésiode, c'est de la personne du roi, rejeton de Zeus que dépend la fécondité de la terre, des troupeaux, des femmes. Qu'il se montre, en sa justice de souverain, *amumô*, irréprochable, tout prospère dans sa cité ; qu'il s'égare, c'est toute la ville qui paie pour la faute d'un seul. Le Cronide fait retomber sur tous le malheur, *limós* et *loimós*, famine et peste tout ensemble : les hommes se meurent, les femmes cessent d'enfanter, la terre reste stérile, les troupeaux ne se reproduisent plus. Aussi la solution normale, quand s'abat sur un peuple le fléau divin, est-elle de sacrifier le roi. S'il est le maître de la fécondité et qu'elle se tarit, c'est que sa puissance de souverain s'est en quelque sorte inversée ; sa justice s'est faite crime, sa vertu souillure, le meilleur (*aristos*) est devenu le pire (*kakistos*). Les légendes de Lycurgue, d'Athamas, d'Oinoclos comportent ainsi, pour chasser le *loimôs*, la lapidation du roi, sa mise à mort rituelle, ou, à défaut, le sacrifice de son fils. Mais il arrive aussi qu'on délègue à un membre de la communauté le soin d'assumer ce rôle de roi indigne, de souverain à rebours. Le roi se décharge sur un individu qui est comme son image retournée de tout ce que son personnage peut comporter de négatif. Tel est bien le *pharmakós* : double du roi, mais à l'envers, semblable à ces souverains de carnaval qu'on couronne le temps d'une fête, quand l'ordre est mis sens dessus dessous, les hiérarchies sociales inversées : les interdits sexuels sont levés, le vol devient licite, les esclaves prennent la place des maîtres, les femmes échangent leurs vêtements avec les hommes ; - alors le trône doit être occupé par le plus vil, le plus laid, le plus ridicule, le plus criminel. Mais la fête terminée, le contre-roi est expulsé ou mis à mort, entraînant avec lui tout le désordre qu'il incarne et dont il purge du même coup la communauté. »[153]

Dans ce contexte, l'élection d'Œdipe à la tête du royaume et l'expulsion qui lui fait suite sont aisées à comprendre. Un roi ne saurait se maintenir sur le trône s'il méconnaît ses origines. Et lorsqu'il renoue avec sa vérité, sa nouvelle identité jure avec celle qui servait les nécessités transférentielles de ses parents et de la collectivité. Le contre-transfert est radial. Les Thébains répètent le premier mouvement de Laïos et de Jocaste pour instaurer Œdipe fétiche de leurs origines non intégrées. L'exiler et ainsi continuer à s'endetter envers les lois non écrites engage Thèbes vers sa propre fin, exactement comme ce fut le cas de Laïos, Jocaste, Antigone, Polynice et Étéocle. Si Œdipe paye pour ses aliénations, c'est aussi là le prix de son émancipation. Le trajet qui mène Œdipe à Colone s'entend alors comme introduction dans une nouvelle société, auprès d'une collectivité avec laquelle il partage une même intelligence des lois non écrites pour donner au sujet sa place.

Dans cette perspective de relecture du mythe, le secret que lègue Œdipe à Thésée opère comme antidote aux aliénations transgénérationnelles et au manque d'une fonction édificatrice parentale. Il offrirait une figure humaine de père épurée d'un fantasme infanticide, laissant libre court à la fertilité non

---

[153] Vernant Jean-Pierre et Vidal-Naquet Pierre (1994), *Œdipe et ses mythes*, Complexe, Bruxelles, p. 44-45.

contrariée. L'Œdipe de Sophocle est ainsi porteur d'un message d'espoir, où l'enfant conserve une chance de salut quelle que soit la charge de ses origines.

Une telle lecture de la version du mythe d'Œdipe de Sophocle contraste avec celle, moderne, qui dramatise la traversée des origines et la juge en dehors de son contexte traditionnel. Le message de Sophocle dénonce les abus d'une culture imperméable au symbolisme de son art. Il n'est pas possible de dire, comme Freud, que le poète vient ici simplement dévoiler au spectateur ses propres vœux parricide et incestueux. Tout autre est le propos du dramaturge qui se propose de guérir des conséquences de ces abus en transformant la peste en prospérité. Limiter son œuvre à la seule pièce d'*Œdipe-roi* revient à passer à côté de l'essentiel : la métamorphose d'Œdipe.

La dette d'Œdipe envers les lois non écrites

« Œdipe qui tue son père et épouse sa mère ne fait que d'accomplir un des désirs de notre enfance. » Aux yeux de Freud, que ce désir soit conscient ou pas ne change rien. Cette pulsion chez l'enfant serait une tendance universelle qu'il s'agirait de surmonter. Invoquer l'ignorance d'Œdipe rend supportable le désir inconscient (refoulé) mais ne l'excuse pas. Avec l'inconscient comme attribut du sujet, pour Freud, l'Œdipe est coupable parce que responsable de ses pulsions. Comme le dit Jean Bollack : « selon Freud : la faute existe. Certes Œdipe n'a pas agi consciemment, mais le point est dépourvu de pertinence, puisque l'horreur qu'il a fait voir est enfouie précisément dans cet « inconscient ». Peu importe qu'il l'ait voulu ou non. Il n'en est pas moins coupable qu'un autre, en payant pour une culpabilité commune ; "c'est psychologique parfaitement correct".»[154] Un point de vue qui semble acquis

------

[154] Jean Bollack (1995), *La naissance d'Œdipe*, Gallimard, Paris, p. 313.

pour nombre de psychanalystes comme en témoigne ce passage de Haydée Faimberg[155] : « Du point de vue analytique, Œdipe est psychiquement responsable de ses désirs inconscients. De plus, les désirs inconscients, de quelque nature qu'ils soient - parricides, incestueux ou autres - sont toujours actifs. » Toutefois, cet auteur s'interroge plus avant : « Œdipe est-il pleinement responsable de l'accomplissement de ses désirs inconscients ? », un paradoxe qui ne trouve pas de solution dans le cadre restreint d'une interprétation qui s'arrête au contenu manifeste des pulsions œdipiennes. Ici faudrait-il apprendre du mythe à différencier les désirs aliénés du désir propre au sujet. Si Œdipe est responsable de ses actes, l'est-il, a priori, de l'aliénation dont il hérite ? De naître à l'extrémité d'une filiation d'aliénés où se rejouent les lacunes symboliques de ses géniteurs, d'une culture exilée de la dimension symbolique, Œdipe en est-il responsable ?

Dans la conscience de l'époque, il faudrait en effet identifier l'origine de la problématique dont Œdipe hérite. Nous l'avons compris, les ancêtres d'Œdipe avaient contracté des dettes qui se sont accumulées avec les générations, et ce sont eux les principaux fautifs. « Tout cela je l'ai subi, je ne l'ai pas voulu. Tel était le bon plaisir des dieux ; sans doute poursuivaient-ils ma famille d'une haine ancienne [...] Si un oracle avait prédit à mon père qu'il mourrait de la main de ses enfants, par quel biais, dis-moi, pourrais-tu me le reprocher, puisque mon père, dans ce temps-là ne m'avait pas encore engendré, puisque ma mère ne m'avait pas encore enfanté, puisque je n'avais pas encore été conçu ! »[156]

Et plutôt que de les refouler encore, sur le modèle de la nouvelle civilisation moderne, Œdipe n'en est-il pas réduit à

---

[155] Haydée Faimberg (2003), « Le mythe d'Œdipe revisité », dans *Transmission de la vie psychique entre générations*, sous la direction de R. Kaës, Dunod, Paris.
[156] Sophocle, « Œdipe à Colone », *Tragédies*, Gallimard (1973), Paris.

éprouver ses héritages pour espérer advenir en tant que sujet et ainsi infléchir le cours de son destin ? Autrement dit, Œdipe n'est-il pas justement celui qui, le premier, réussi à intégrer son héritage transgénérationnel pour restaurer la dimension fertile originaire ? La tâche qui incombe à Œdipe est bien plus difficile et louable que celle du refoulement exigé par la nouvelle culture. Celle-ci d'ailleurs, face à la peste dont elle aura elle-même provoqué l'arrivée, rencontre une limite infranchissable. Comme Sophocle nous le montre, avoir à advenir en tant que sujet relève d'une responsabilité individuelle autrement plus urgente, réclamant des qualités morales et spirituelles supérieures aux résistances et refoulements mis en place par la modernité.

Les tenants des lois écrites, bien entendu, voudraient une fois de plus liquider cette interrogation sur les origines. « Ils n'ont qu'à refouler leurs origines, comme nous y sommes parvenus » pensent-ils de ces Œdipes, sans réaliser que ces derniers surgissent de leurs propres refoulements, comme Œdipe représente pour Laïos le retour de ses propres lacunes. Nous l'avons vu, la solution civilisatrice du refoulement du complexe d'Œdipe est elle-même cause d'un conflit perpétué d'une génération à la suivante. Lorsqu'aucune intégration n'a lieu, elle aboutit aux passages à l'acte racontés dans le mythe. Cette répercussion des manques de symbolisation du rapport aux origines sur les prochaines générations répond au principe de Serges Tisseron[157] pour qui le refoulé de la première génération, passe pour innommable à la seconde et potentiellement mis en acte à la troisième.

En élargissant nos références aux phénomènes transgénérationnels, il apparaît que les forces inconscientes restent subordonnées aux lois non écrites. La solution civilisatrice du

---

[157] Serges Tisseron et al. (2000), *Le psychisme à l'épreuve des générations*, Dunod, Paris. pp. 8-9.

refoulement œdipien s'entend alors comme un endettement envers ces dernières. Le manque de symbolisation devient alors lacune ou symptôme, comme c'est le cas avec la peste dans le mythe. L'analyse transgénérationnelle des aliénations de Laïos, Jocaste, Antigone et Œdipe en illustrent quelques autres variantes. Quelques soient les fautes des aïeux et la nature des héritages reçus, la connaissance de soi et la nécessité de renouer avec le sujet en soi répond à une nécessité plus fondamentale. Le mythe nous enseigne qu'au-delà du parricide et de l'inceste, au-delà de la perte de la raison, des yeux, et malgré l'exil, une loi invisible guide la quête d'Œdipe. Ce qui compte : qu'il traverse les manques d'intégration, qu'il dédouane son âme des dettes envers les lois non écrites, des dettes qu'il ne saurait effacer d'un simple refoulement ou d'un déni. Dans ce genre d'épreuve, Œdipe n'est pas le seul à commettre l'irréparable. Didier Anzieu[158] dresse la liste de ces folies. Par exemple, Péléas est dépecé par ses filles ; Oreste tue sa mère Clytemnestre comme Alcémon tue la sienne, Eriphyle ; Médée tue ses enfants ; Procné tue son fils Itys et le donne à manger à Térée ; Myrrha s'unit à son père Pelopia et conçoit Eghiste, etc. S'il le faut, le mythe transforme les êtres, Cadmos en serpent, Tirésias en femme, Daphnée en laurier, etc. Contre-exemple aux textes « morts en tant que symbole », la symbolique vivante des mythes est un antidote aux passages à l'acte tragiques. Les transgressions d'Œdipe répondent au fonctionnement des lois naturelles et s'il se crève les yeux, il ne fait que payer une dette qu'il reconnaît sienne. Car lui aussi aura manqué de s'interroger sur l'oracle pour prendre à la lettre son message, sans chercher à le comprendre, par exemple en interrogeant Pélope et Mérope jusqu'à découvrir son adoption. L'ignorance d'Œdipe, sa faute en somme, le pousse à combattre l'oracle, laissant ainsi paraître qu'il y croit mais ne le comprend pas. Or croire n'est pas savoir,

---

[158] Didier Anzieu (1980), « Œdipe avant le complexe », dans *Psychanalyse et culture grecque*, Les Belles Lettres, Paris, pp. 17-18.

l'idéal n'est pas le réel. Œdipe reconnaîtra son erreur, cet écart entre l'écorce et le noyau, lequel donne la mesure de sa dette envers les lois non écrites. En les faisant siennes, Œdipe conserve avec elles un rapport d'intelligence qui lui vaudra de poursuive son périple jusqu'à Colone.

Nous l'avons compris, Freud résiste à cette traversée qu'il dramatise par avance. Il souffre a priori d'une éventuelle culpabilité, avant même d'avoir consommé le fruit défendu. Peut-être y goûte-t-il à 48 ans, lors de son voyage en Grèce en 1904. Une expérience qu'il juge « too good to be true »[159] comme s'il était coupable d'être allé plus loin que son père - ou d'avoir observé une réalité transgressant l'interdit paternel.

Freud oublie d'interpréter les prétendus désirs de l'enfant qu'il fût lorsqu'il éprouva de l'amour pour sa mère et de la haine pour son père. Que ce serait-il passé si, poussant plus avant cette découverte, il s'était interrogé sur le bien-fondé de ses sentiments, sur leurs véritables raisons d'être ? Aurions-nous assisté à la naissance d'une psychanalyse plus proche du précepte grec « connais-toi, toi-même » que de son évangélisation moderne ? Ici l'analyse transgénérationnelle propose de reprendre le flambeau pour éclairer les racines inconscientes qui nous constituent avant même de naître.

Force nous est d'admettre que le mouvement psychanalytique orthodoxe aura relayé l'aliénation patriarcale avec le « reconnais-toi, tel que l'oracle te connaît »[160] sans saisir le fond du message. Celui-ci s'adressait en particulier à Laïos et avait pour vocation de lui signifier ses lacunes. Pour Georges Méautis, « Si les dieux ont interdit à Laïos d'avoir des enfants, c'est qu'ils le connaissaient et savaient quelle serait la nature de

---

[159] Freud (1936), « Un trouble de mémoire sur l'Acropole, lettre à Romain Rolland », *Résultats, idées, problèmes,* PUF, 1985, Paris.
[160] C'est-à-dire comme potentiellement parricide et incestueux, l'Œdipe fautif qui sommeillerait en chacun de nous.

l'être qui naîtrait de lui. »[161] Penser qu'un Œdipe incestueux et parricide habiterait l'humanité toute entière à chaque nouvelle génération reviendrait à réduire tous les pères à l'image de ce qui aliène Laïos. Une telle « pensée unique » ne peut qu'être lourde de conséquences. Reconnaître la position incestueuse et parricide comme une emprise matriarcale et alinéation transgénérationnelle, comme le fait d'une absence de sujet renvoie à la nécessité d'une fonction édificatrice parentale qu'il s'agirait de restaurer. Ne pas reconnaître un désir plus profond, celui d'advenir sujet, derrière les pulsions œdipiennes, c'est risquer d'assécher la source. Partant de l'analyse freudienne du mythe, Conrad Stein explique cette dérive dogmatique : « Freud a suivi deux voies contraires. Il a tenté de mettre en évidence les ressorts du bouleversement éprouvé par le spectateur mais, ce spectateur restant fictif et ne pouvant donc témoigner, il lui a fallu s'engager dans une démonstration visant à établir que la tragédie était « la traduction du monde du phantasme de l'enfance en une prétendue réalité », qu'elle se réduisait, par conséquent, à une manifestation défigurée des vœux inconscients que tout homme porte en lui depuis l'enfance. Il me semble qu'en se livrant à une telle procédure au lieu d'évoquer la part qu'une réminiscence *d'Œdipe-roi* avait prise dans la découverte de ses propres vœux, Freud se soit écarté des voies de son génie pour formuler des propositions mécanistes, appelées, en raison de leur caractère dogmatique, à être reçues avec une foi aveugle. »[162]

---

[161] Georges Méautis (1957), *Sophocle, essai sur le héros tragique*, Albin Michel, Paris, p.107.
[162] Conrad Stein (1981), « Œdipe-roi selon Freud », préface à *Œdipe ou la légende du conquérant* de Marie Delcourt, Les Belles Lettres, Paris.

3

Discussion

L'interprétation transgénérationnelle de l'œuvre de Sophocle respecte sa dimension symbolique et se situe au-delà de la dramatisation moderne, laquelle interdit la renaissance d'Œdipe en tant que sujet. Plutôt que d'offrir un nouveau prétexte aux polémiques métaphysiques, de rejouer en actes, en transferts et en croyances les aliénations transgénérationnelles, cette interprétation propose de les réécrire à l'instar de Sophocle avec sa propre version du mythe. Si Sophocle accouche de son Œdipe, Freud aussi présente le sien, à la différence essentielle que ce dernier n'est qu'une reprise d'une tendance collective. De ces deux versions, l'une est personnelle et originale alors que l'autre est impersonnelle et normative, l'une est le fait d'un sujet tandis que l'autre témoigne d'une aliénation culturelle.

Je le disais en introduction, à la version moderne de l'interprétation freudienne du mythe d'Œdipe il convient d'associer une contribution plus subjective mais non moins importante aux yeux du père de la psychanalyse, celle qu'il expose dans *Totem et tabou*. D'une autre nature, plus proche d'une création mythologique que d'une analyse scientifique, cet apport vient corroborer son interprétation œdipienne. Freud noue de cette façon les deux bouts d'une même représentation, où la spéculation anthropologique vient prendre la relève d'une auto-analyse en berne, poussée à sa limite une douzaine d'années plus tôt.

Ces deux aspects de l'œuvre freudienne ont chacune des qualités qu'il ne faudrait pas confondre. Avant de les mettre face à face, nous les traiterons donc séparément. D'une part nous observons l'influence d'un héritage culturel et, d'autre part, il s'agit d'une production personnelle, structurante pour son auteur, mais nécessairement plus subjective et spécifique à ses propres besoins. Cette distinction nous permettra, dans un troisième temps, de proposer une compréhension d'ensemble de la complexité de la métapsychologie freudienne, entre science et art, entre aliénation moderne et création subjective.

Relire l'interprétation freudienne

Esquissons donc sous l'angle symbolique certaines des analyses freudiennes et cherchons à saisir ce que le père de la psychanalyse laisse de profit et de déficit à sa descendance intellectuelle. Commençons par relire son interprétation du mythe et revenons sur cette affirmation de Freud : « Je me permets de penser que si la psychanalyse n'avait à son actif que la seule découverte du refoulement du complexe d'Œdipe, cela suffirait à la faire ranger parmi les plus précieuses acquisitions nouvelles du genre humain. »[163] Cet énoncé, au-delà de ce qu'il affirme, semble équivoque à Jean Bergeret : « Je me suis bien souvent surpris à réfléchir sur cette phrase que Freud écrivait peu avant sa mort et dont le contenu manifeste ne pose bien sûr aucun problème pour un psychanalyste ; cependant le conditionnel accompagné de la restriction *n'... que* doit aussi nous faire rechercher quels peuvent être les divers sens latents d'une telle phrase. Freud voudrait-il nous dire que les découvertes psychanalytiques portent aussi sur des domaines qui vont bien au-delà des problèmes liés aux notions de complexe d'Œdipe ou de refoulement, donc de sexualité ? Ou, pour être plus précis

---

[163] Sigmund Freud (1938), *Abrégé de psychanalyse*, PUF, 1950, Paris, p. 64.

encore, la psychanalyse aurait-elle eu le mérite d'attirer notre attention sur des problèmes situés dans un en-deçà historique antérieur à l'efficience de la problématique imaginaire génitale ? Il semble que, comme cela est fréquent tout au long de l'œuvre de Freud, le préconscient freudien, admirable coordinateur associatif, nous transmette un message évident, en nous avertissant de la nécessité de poursuivre au-delà notre effort élaboratif, en direction d'autres développements arrêtés obligatoirement en 1939. »[164]

Culture du sujet ou aliénation par la culture ?

Alors qu'il renouvelle la définition de l'homme avec la mise à jour de son matériel inconscient, Freud stagne dans l'auto-analyse de son Œdipe. Il perd le fil de son entreprise au seuil d'une rencontre avec la dimension symbolique du mythe. La stérilité de son auto-analyse n'est pas sans se rapporter au vide, au non-dit et au manque de symbolisation de son propre héritage transgénérationnel. Mais avant d'approfondir cet aspect, et pour commencer, reprenons la chronologie des élaborations de Freud.

Dans une lettre qu'il écrit à Wilhelm Fliess, Freud associe une première fois l'œuvre de Sophocle avec les mouvements psychoaffectifs qu'il analyse : « J'ai trouvé en moi comme partout ailleurs des sentiments d'amour envers ma mère et de jalousie envers mon père, sentiments qui sont, je pense, communs à tous les jeunes enfants. S'il en est bien ainsi, on comprend [...] l'effet saisissant d'*Œdipe-roi* [...] la légende grecque a saisi une compulsion que tous reconnaissent parce que tous l'ont ressentie. Chaque auditeur fut un jour en germe, en imagination, un Œdipe, et s'épouvante devant la réalisation de son rêve transposé dans la réalité, il frémit suivant toute la

---

[164] Jean Bergeret (1996), *La violence fondamentale*, Dunod, Paris, p.5.

mesure du refoulement qui sépare son état infantile de son état actuel. »[165]

Dès lors que ce mythe raconte l'inceste et le parricide, il semble légitime d'associer au mythe grec la compulsion dont Freud se souvient. Une telle association devrait toutefois fonctionner comme début d'une recherche et non pas comme sa conclusion. Au lieu de s'en épouvanter, Freud devrait plutôt chercher à mieux comprendre cette compulsion « que tous reconnaissent ». Loin de nous mettre sur la voie d'une intégration de ce complexe, l'interprétation freudienne apparaît plutôt comme l'économie de l'analyse d'un transfert sur le personnage d'Œdipe, idéal représentant du parinceste. Ce manque d'analyse obligera Freud à revenir sur ce rapport aux origines - qu'il ne voit pas dans la question œdipienne - avec son « mythe scientifique » du père primitif.

En adoptant une interprétation moderne, anti-généalogique comme l'explique Peter Sloterdijk[166], nous assistons au basculement du projet freudien. D'abord conquérant des profondeurs de la psyché, Freud sera submergé par l'aliénation moderne à laquelle il donnera le titre d'un principe supérieur de réalité. En vérité il est emporté par ce même mouvement « civilisateur » qui condamna Penthée, Œdipe et les Autochtones de façon générale. Son auto-analyse s'achèvera avec cette inversion des forces, où le sujet créateur de culture (psychanalytique) subit une « œdipianisation » comme le disent Gilles Deleuze et Félix Guattari :« En lui tendant le miroir déformant de l'inceste (hein, c'est ça que tu voulais ?), on fait honte au désir, on le stupéfie, on le met dans une situation sans issue, on le persuade aisément de renoncer à « soi-même » au nom des intérêts supérieurs de la civilisation (et si tout le

---

[165] Sigmund Freud, *La naissance de la psychanalyse*, PUF, 1956, Paris, p. 198.
[166] Peter Sloterdijk (2018), *Après nous le déluge, Les Temps modernes comme expérience antigénéalogique*, Payot, Paris.

monde en faisait autant, si tout le monde épousait sa mère, ou gardait sa sœur pour soi ? il n'y aurait plus de différenciation, ni d'échange possible). »[167]

Ce basculement du registre subjectif pour une conformité collective transparaît aussi dans l'écriture de Freud. Monique Schneider note le passage du « je » au « nous » significatif de l'irruption du collectif dans la pensée du père de la psychanalyse. « La fonction du mythe œdipien sera double. D'une part, effet d'ouverture puisque la découverte d'une figure enfermée dans un legs culturel permet de rendre symbolisable ce qui était éprouvé comme faille traumatique. Mais, d'autre part, effet de fermeture: l'apparition d'Œdipe mettra fin à l'auto-analyse, comme si la compréhension d'un déroulement valable dans l'universel venait supplanter la quête d'un itinéraire singulier. Ce passage d'un ordre à l'autre est d'ailleurs décelable au niveau stylistique: alors que l'auto-analyse s'effectuait à la première personne du sujet, le rapport à Œdipe induit une autre position de soi : « jeder », « chacun de nous », dit Freud, a connu des vœux à la fois incestueux et parricides. L'histoire singulière se trouve à la fois sauvée et écrasée par le rapport à l'universel, phénomène que Freud analysera au sujet de Léonard de Vinci. Freud présente en effet la passion pour la connaissance des causes universelles comme solidaire d'un risque : le risque de perdre « son propre petit moi ». Le sujet risque ainsi de se trouver expulsé du champ dont il vient de reconnaître la nécessité. »[168] À ce point, la question se transpose : faut-il perdre le sujet en soi pour avoir droit de cité dans une société moderne ? Au regard de son interprétation du mythe d'Œdipe, le sujet, auteur et metteur en scène de son Œdipe, à l'instar de

---

[167] Gilles Deleuze et Félix Guattari, (1972/1973) *L'anti-Œdipe,* Les Éditions de Minuits, Paris, p. 142.
[168] Monique Schneider (1988), « Le mythe, fétiche ou matrice ? La rencontre de Freud avec Œdipe », dans *Art, Mythe et Création,* Le Hameau, Paris, p. 50.

Sophocle, passe à l'arrière-plan. Ce sujet ne saurait cependant complètement disparaître. Non intégré mais sublimé, il dictera à Freud son élaboration d'un mythe scientifique originaire, celui d'un scénario originaire d'un père primitif mis à mort par ses fils. Bien entendu, il s'agit là d'une production symptomatique témoignant d'un manque à être sujet, d'une soumission au régime matriarcal où le père n'a pas de reconnaissance en tant que tel.

À défaut d'être appréhendés de façon symbolique ou métaphorique, l'inceste et le parricide arrêtent Freud dans sa compréhension de la psyché et de ses origines. Pourtant, derrière les manifestations œdipiennes nous parviennent des éclats de voix, un florilège d'histoires suspendues ou laissées dans l'ombre et susceptibles de se perpétuer, de resurgir en acte. Dans la littérature et dans le secret des cures analytiques, les élaborations des héritages transgénérationnels donnent leur sens à toutes sortes de symptômes - et fantasmes apparentés -, proches des thématiques œdipiennes, pour nous ouvrir à la possibilité d'une intégration d'un vécu laissé à charge des descendants. Par exemple, Serge André mentionne le cas d'une jeune femme « qui était venue en analyse parce qu'elle était littéralement ravagée par le fantasme d'avoir été ou d'être violée par son père, et qui fut amenée à découvrir en cours d'analyse que sa mère avait entretenu une relation incestueuse avec son propre père - le grand-père maternel de ma patiente -, de ses huit à ses vingt-trois ans, soit jusqu'à deux ans après la naissance de sa fille. »[169] L'oreille de Freud résiste à ces phénomènes traversant les générations ; son interprétation du mythe court-circuite la possibilité d'une analyse transgénérationnelle, l'empêche de suivre Sophocle et de rencontrer la symbolique de son œuvre comme j'ai cherché à le faire.

---

[169] Serge André, *La signification de la pédophilie*, Conférence à Lausanne le 8 juin 1999, publié sur oedipe.org.

Mario Cifali[170] souligne le manque d'analyse du rapport au père dans l'étude que Freud consacre au juge Schreber, ancien président de la cour d'appel de Saxe, et où l'influence paternelle et ses lacunes symboliques sont particulièrement flagrantes : « De la conduite du père envers le fils qui devient fou, il n'est pas question dans l'interprétation freudienne. C'est un point problématique. Freud s'arrête brièvement sur l'histoire de ce père, homme réputé pour ses ouvrages sur la gymnastique médicale de chambre, mais ne se soucie pas de son influence sur la vie psychique de son enfant. D'aucune manière cette influence ne peut être banalisée, surtout si l'on pense, en suivant des voies inductives, aux tensions de la haine qu'il a fait subir à son fils. La présence nocive de ce père est incontournable. Curieusement, Freud ne s'en préoccupe guère. [...] Dieu le père, figure complexe du commerce divin de Schreber, est en vérité une figure qui s'inscrit dans le droit fil des manques affectifs de l'enfant. Attribut projectif de son être, figure née d'une évolution interne, ce Dieu que Schreber invente est l'héritier d'un père bien réel. L'ignorer serait trahir la réalité. [...] Pourquoi Freud ne se soucie-t-il pas des particularités psychiques du père du Président ? Qu'est-ce qu'il évite de dévoiler ou de remettre en question ? C'est l'interrogation que nous ne censurons pas. [...] Comme dans la plupart des scénarios de type patriarcal, le père bénéficie d'une clémence, tandis que le fils, inconsciemment accusé, est toujours en passe d'être sacrifié, puni pour son désir incestueux. L'interprétation bâtie en fonction de l'un de ces scénarios, laisse dans l'ombre le désir du père. Or, ce désir est historiquement présent dans le conflit qui oppose le fils au père. Envers son enfant, le père se heurte aux mêmes obstacles du tabou sacrificiel. Il est, comme individu, aliéné par le combat œdipien, - meurtrier -, dont il ne s'est le plus souvent pas émancipé en son âme. »

---

[170] Mario Cifali (2002), *Freud face au juge fou*, Eshel, Paris, pp. 73-75.

L'Œdipe freudien échappe à l'analyse de sa filiation, comme s'il fallait noyer ce poisson qui saute d'une cascade à l'autre, d'une génération à la suivante. Pour les Thébains et la culture moderne de façon générale, Œdipe sert une fonction de *pharmacos*, un expédient qui empêche d'accéder aux origines. Cet exil du symbolique, les manques d'intégration des origines et leur amplification sur plusieurs générations précipiteront l'arrivée de la peste à Thèbes. Ainsi le modèle du refoulement des liens de filiation devient-il vecteur de transmissions d'aliénations transgénérationnelles jusqu'à conditionner les destins des uns et des autres et le retour dans le réel des histoires à réécrire. Des événements marquants font resurgir des histoires tenues secrètes, comme si celles-ci perduraient dans le temps et à travers les générations. Anne Ancelin Schützenberger découvre de telles correspondances entre les générations. Elle raconte que « Myriam a treize ans quand elle s'empale accidentellement sur une barre de fer qui balise une route du Québec [...] Elle fait une bande dessinée de l'accident, dans le but de "produire" un objet qui concrétise son angoisse de façon non verbale. Le dessin où elle s'empale est illustré d'un lampadaire extrêmement phallique, éjaculant des traits de lumière de son gland. » Sa mère parle alors de son secret. Elle avait été violée à l'âge exact où sa fille s'est empalée et n'en a jamais parlé. En intégrant cette histoire, Myriam soupçonne « un malheur semblable chez sa grand-mère maternelle, elle fait enquête chez celle-ci, qui révèle à sa petite-fille qu'elle aussi avait été violée à treize ans. »[171] Une telle restitution laisse entendre de quelle manière les manques d'intégration peuvent conditionner les destins des descendants.

Nous l'avons vu, le parinceste d'Œdipe dénonce les manques de symbolisation cumulés sur plusieurs générations. La théorie du complexe d'Œdipe ne permet ni de comprendre

---

[171] Anne Ancelin Schützenberger (1998), *Aïe, mes aïeux !*, Desclée de Brouwer, Paris, pp.191-192.

l'origine de ces pulsions ni de suivre le sens du destin d'Œdipe. Ainsi comprenons-nous Monique Schneider lorsqu'elle écrit que « le mythe est ainsi rencontré au cœur même d'une expérience vécue dans le noir, là où une faille est venue s'inscrire dans l'apparente continuité d'un itinéraire. »[172] Un vide qui nous apparaît comme l'envers du discours rationaliste, se rapportant à des origines voilées par nos aliénations culturelles modernes.

En associant les pulsions enfantines au mythe grec, Freud se laisse prendre par des apparences qui l'induisent en erreur. Cette association tombe tel un rideau nous séparant d'une scène dorénavant occultée. Penser qu' « Œdipe n'a pas besoin d'être interprété : il est la figure directrice de l'interprétation », c'est tourner la page un peu vite. C'est même faire comme Laïos qui évite de s'interroger sur sa propre manière de comprendre l'oracle. Une telle politique décapite Œdipe et avec lui, l'intelligence de Sophocle passe à la trappe, sans toutefois parvenir à les faire disparaître.

Au sein du courant psychanalytique, avec les années, l'importance du complexe d'Œdipe sera grandissante jusqu'à devenir pièce maîtresse. Comme l'écrit Paul-Laurent Assoun, « c'est la découverte du complexe d'Œdipe, [...] qui institue la psychanalyse en tant que telle. [...] C'est, au même titre que le « refoulement », la pierre d'angle de l'édifice psychanaly-tique. »[173] Remarquons qu'en dépit de l'importance qu'il y accorde, Freud n'écrira pas de livre entièrement consacré au complexe d'Œdipe, comme s'il nourrissait le secret espoir d'en percevoir un jour la symbolique. Oubliant les dessous de cet *Œdipe-Pharmacos* idéal et idéalisé, Freud le proclame

---

[172] Monique Schneider (1988), « Le mythe, fétiche ou matrice ? La rencontre de Freud avec Œdipe », dans *Art, Mythe et Création*, Le Hameau, Paris, p. 48.
[173] Paul-Laurent Assoun (1993), *Freud et les sciences sociales*, Armand Colin, Paris, p. 41.

complexe universel. Dans le cadre élargi d'une analyse transgénérationnelle, cette position de Freud devient riche d'enseignements : elle reflète les travers d'une approche spécifiquement moderne.

Si nous avons jusqu'ici critiqué la responsabilité de la nouvelle civilisation du refoulement dans la production du complexe d'Œdipe, nous pouvons reconnaître que le refoulement œdipien explique pour sa part assez bien la névrose d'une culture patriarcale. Dans *Malaise dans la civilisation*, Freud analyse les restrictions que la collectivité impose aux amours œdipiens et conclut à l'incompatibilité entre le naturel et le culturel, origine d'une division irréductible de l'être humain. « La civilisation pour sa part ne tend évidemment pas moins à restreindre la vie sexuelle qu'à accroître la sphère culturelle. Dès sa première phase, la phase du totémisme, ses statuts comportent l'interdiction du choix incestueux de l'objet, soit la mutilation la plus sanglante peut-être imposée au cours du temps à la vie amoureuse de l'être humain. De par les tabous, les lois et les mœurs, on établira de nouvelles restrictions frappant aussi bien les hommes que les femmes. »[174] Une telle vision définit assez bien l'impact transgénérationnel d'un manque à symboliser les origines et les rapports de filiation qui s'en suivent. Freud fait l'amalgame entre civilisation et refoulement du conflit œdipien. Pour lui, « les exigences pulsionnelles auxquelles les satisfactions directes sont refusées, se voyant contraintes de s'engager dans d'autres voies où elles trouvent des satisfactions substitutives, peuvent, ce faisant, être désexualisées et relâcher les liens qui les rattachent aux buts pulsionnels primitifs. Concluons-en qu'une grande partie de notre trésor de civilisation, si hautement prisé, s'est constitué au détriment de la sexualité et par l'effet d'une limitation des

---

[174] Sigmund Freud, *Malaise dans la Civilisation*, PUF, 1979, Paris, p. 55.

148

pulsions sexuelles. »[175] La possibilité d'une symbolisation en prise directe avec l'être et avec la libido n'est pas envisagée par Freud. Mais comme le disait Philippe Réfabert, déjà cité, seuls ceux dont les liens à leurs mères ne furent pas intégrés rêvent encore de coucher avec leurs mères. Et l'interprétation transgénérationnelle du mythe d'Œdipe l'a montré, l'aliénation aux parents est fonction d'un manque d'advenir en tant que sujet.

Le paradoxe du refoulement œdipien

À défaut de relativiser culture et renouvellement culturel, Freud assimile l'acculturation au régime moderne. Pourtant, le surmoi issu du refoulement des pulsions œdipiennes entrave plus qu'il ne soutient les activités créatrices et culturelles. L'adoption de cette structuration surmoïque ne fait surtout qu'aligner l'individu sur une norme collective, imposée du dehors et non pas toujours comprise dans un rapport d'intelligence au monde. D'ailleurs Freud lui-même considérait le surmoi comme le résidu d'un vécu non intégré, celui qui concerne les parents et les règles collectives. Il le définit comme une « formation substitutive qui remplace la nostalgie pour le père, il contient le germe à partir duquel toutes les religions se sont formées. Lorsque le moi se compare à son idéal, le jugement qu'il porte sur sa propre insuffisance engendre le sentiment d'humilité religieuse auquel le croyant en appelle dans sa ferveur nostalgique. Au cours du développement ultérieur, maîtres et autorités ont continué le rôle du père; leurs ordres et leurs interdictions sont restés puissants dans le moi-idéal et, sous forme de conscience morale, exercent désormais la censure morale. La tension entre les exigences de la conscience morale et les réalisations du moi est ressentie comme

---

[175] Sigmund Freud (1946), *Abrégé de psychanalyse*, PUF, 1975, Paris, p. 77.

sentiment de culpabilité. Les sentiments sociaux reposent sur des identifications à d'autres sur la base d'un même idéal du moi. »[176]

Le refoulement des conflits œdipiens laisse, avec l'avènement du surmoi, la psyché dans un rapport de division névrotique voir de clivage. Si le refoulement des origines et des relations aux parents génère parfois l'idéal pseudo religieux, il convient également d'étendre ce constat à toute la métaphysique. En effet, celle-ci procède d'un même refoulement des origines, spécifique à la structuration moderne de la psyché et pas seulement réservée aux croyances et au dogmatisme religieux. Cette division dans la psyché nous renvoie à la véritable question de fond : l'oubli du sujet en soi. Une aliénation qui empêche l'intégration des héritages transgénérationnels que la culture moderne tente de refouler en dramatisant et en interdisant la traversée œdipienne.

La relecture transgénérationnelle du mythe d'Œdipe aura montré la nécessité pour Œdipe de renaître en tant que sujet. Ainsi la « mutilation la plus sanglante » dont parle Freud ne concerne pas tant le refoulement de l'Œdipe, mais la détresse faisant suite à l'exil de la dimension symbolique et la perte du sujet en soi.

Synonymes d'un manque de symbolisation des origines, les idéaux surgissent du refoulement qui « résout » le complexe d'Œdipe. Un refoulement que Freud lui-même juge responsable du développement des névroses collectives. À son sujet il s'interroge : « Au surplus, le diagnostic des névroses collectives se heurte à une difficulté particulière. Dans le cas de la névrose individuelle, le premier point de repère utile est le contraste marqué entre le malade et son entourage considéré comme « normal ». Pareille toile de fond nous fait défaut dans le cadre

---

[176] Sigmund Freud (1923), « Le moi et le ça » dans *Essais de psychanalyse*, Payot, Paris, pp. 249-250.

d'une maladie collective du même genre ; force nous est de la remplacer par quelque autre moyen de comparaison. Quant à l'application thérapeutique de nos connaissances... à quoi servirait donc l'analyse la plus pénétrante de la névrose sociale, puisque personne n'aurait l'autorité nécessaire pour imposer à la collectivité la thérapeutique voulue ? »[177] L'impuissance avouée de Freud renvoie aux limites de son modèle de l'homme, civilisé ou barbare, sans imaginer d'alternatives en dehors de la dichotomie culture/nature. Pour qui, a priori, admet l'irréductibilité de l'emprise moderne, une telle position paraît légitime. Elle méconnaît cependant la position et fonction de celles et ceux qui renouvellent la culture, à l'image du travail symbolique accompli par Sophocle et plus généralement par le sujet en soi. Il s'agissait pour Sophocle de préserver la culture traditionnelle du sujet devant les risques d'une dérive moderne qui promeut les nouveaux fils de la cité[178], fruit d'un éloignement du rapport aux origines et à la terre.

L'approche moderne de Freud le conduit à des positions contradictoires. Entre le nécessaire refoulement de l'Œdipe pour qu'un individu puisse s'adapter à la collectivité et sa critique de ce même refoulement comme origine des illusions collectives, notamment pseudo religieuses, son interprétation tourne en rond. Selon Freud, celui qui ne retire pas sa libido de sa mère est névrosé. Mais il qualifiera également de névrotique la collectivité qui sublime ce même rapport dans une religion par exemple. N'est-il pas paradoxal de dire que le refoulement de l'Œdipe soit civilisateur pour l'individu pris isolément, alors que pour la collectivité, il serait responsable des illusions et autres besoins de croyances névrotiques ? Pour Alain Delrieu

---

[177] Sigmund Freud (1923), « Le moi et le ça » dans *Essais de psychanalyse*, Payot, Paris, p. 106.
[178] La prise en compte du contexte historique ajoute à l'interprétation transgénérationnelle du mythe d'importants éléments abondamment développés dans *Sophocle Thérapeute*.

également, « il est étonnant que dans ses grands textes sur le social, Freud raisonne toujours comme si les êtres humains n'en finissaient jamais avec ce complexe. »[179] Jacqueline Rousseau-Dujardin s'interroge tout autant sur cet aspect pour le moins problématique : « Se dessine alors un paradoxe, concernant, justement, la psychanalyse : elle a puissamment contribué à montrer les ressorts névrotiques de l'attachement religieux (on pense évidemment, mais entre autres, à *L'avenir d'une illusion*), elle a conforté, par des considérations (méta) psychologiques les positions athées (le "truc" marche en effet, même et surtout s'il est un processus pathologique largement répandu, et si, aux yeux de Freud, la relation au père en chair et en os et la relation à Dieu, "erhöter Vater" ont partie liée) mais elle a situé dans la fondation de la religion monothéiste et le passage de la maternité à la paternité (le "retour du dieu père seul et unique"), l'accès à la "Geistlichkeit", vie de l'esprit ou spiritualité, espoir de la civilisation. »[180]

D'une part, Freud voudrait émanciper l'homme de ses conflits inconscients, alors que, d'autre part, il entérine une culture qui est elle-même source d'aliénation. Sortir d'un modèle d'opposition pour renouer avec la symbolique de la psyché et avec le sujet en soi, voilà qui échappe à Freud, le laissant dans le paradoxe consistant à apprécier les auteurs renouvelant la culture, alors que ces derniers sont souvent réfractaires au refoulement de leurs pulsions. Un paradoxe qui se retrouve en comparant son interprétation du mythe d'Œdipe à ses analyses des névroses collectives.

Quoi qu'il en soit, l'interprétation freudienne du mythe s'imposera comme référence majeure dans l'orthodoxie

---

[179] Alain Delrieu (1993), *Lévi-Strauss lecteur de Freud*, Point Hors Ligne, Paris, p. 146.

[180] Jacqueline Rousseau-Dujardin (1995), « Distribution des rôles », dans *Le Bloc-Notes de la psychanalyse,* no 13, Le père, Georg, Paris-Genève, p. 38.

psychanalytique : Œdipe qui tue son père et couche avec sa mère ne ferait qu'exprimer un désir infantile universel. Christian Desmoulin relève que : « Freud n'en est pas resté à cette seule affirmation puisqu'il faut mettre en série ce texte sur Œdipe avec les élaborations ultérieures, *Totem et Tabou* (1912-1913) et *Moïse et le monothéisme* (1939). À chaque fois le meurtre du père occupe une place plus centrale. Dans *L'interprétation des rêves*, il s'agit d'un désir de l'enfance lié à celui d'épouser la mère mais dans *Totem et Tabou* il s'agit d'un acte réel qui inaugure la culture et qui a l'effet inverse d'interdire la mère. Enfin dans *Moïse et le monothéisme*, cet acte se répète dans l'histoire tandis que le lien avec la possession de la mère s'estompe. On en arrive à la vulgate du fameux slogan *"Il faut tuer le père"*. [...] Il y a là à l'évidence quelque chose qui cloche. Aussi faut-il interroger cette insistance chez Freud à mettre en avant le désir de meurtre du père. Un élément de réponse peut être trouvé dans la préface de la seconde édition de *L'interprétation des rêves*, datée de 1908, soit huit ans après l'édition princeps. »[181] Dans cette préface, Freud reconnaît sa propre réaction à la mort de son père : « Pour moi, ce livre a une autre signification, une signification subjective que je n'ai saisie qu'une fois l'ouvrage terminé. J'ai compris qu'il était un morceau de mon auto-analyse, une réaction à la mort de mon père, le drame le plus poignant d'une vie d'homme. »[182] Il y a là assurément un drame caché, un impensable transgénérationnel qui reste en souffrance.

Voici donc une faille majeure dans laquelle la pensée de Freud va se débattre : la difficile analyse du rapport filial, rendue impossible par les axiomes modernes sur lesquels

---

[181] Christian Demoulin (2002), « L'Œdipe rêve de Freud », dans *Psychoanalytische Perspectiven*, 20, 3, Ghent University, Belgique, pp. 397-414.
[182] Sigmund Freud (1900), *L'interprétation des rêves*, PUF, 1967, Paris.

reposent ses élaborations psychanalytiques, sur le versant refoulé de l'Œdipe. Au lieu de l'interroger, le rapport entre père et fils est réduit de façon unilatérale, Freud retenant la culpabilité (œdipienne) du fils vis-à-vis du père. Ce fils qui désirerait sa mère est de surcroît affublé d'un désir parricide. Une pulsion « œdipienne » qui, à la mort du père, renforce le sentiment de culpabilité morale.

À retourner ce scénario aux origines et au père lui-même, comme nous l'avons fait en relisant le mythe d'Œdipe, l'interprétation freudienne apparaît comme la manifestation d'une culpabilité relative à la mort de son propre père et surtout à la part inachevée de ce deuil. Deux sujets non étrangers l'un à l'autre comme nous avons pu le constater dans la légende de Thèbes, où les deuils non faits des pères dans la lignée des Labdacides finissent par donner corps à la condamnation d'Œdipe et programmer ses passages à l'acte.

Le père incorporé à défaut d'être intégré

Nous observons là un même mouvement, celui de la solution moderne du refoulement de l'Œdipe, répétant la condamnation de l'enfant qui ne descendrait pas des dieux eux-mêmes. Incorporation de la figure du père en soi, le surmoi est symptomatique d'un vécu non entré dans l'histoire. La filiation entre le surmoi, les parents castrateurs et leurs propres surmoi saute aux yeux. D'ailleurs Freud comprend que la force du surmoi provient de la force des interdits appartenants aux parents et qui furent à la source du refoulement. Parmi les autres caractéristiques qui passent ainsi des parents aux enfants, il faut ajouter le maintien d'un privilège puisque le surmoi « comprend aussi l'interdiction : tu n'as pas le droit d'être ainsi (comme le père), c'est-à-dire, tu n'as pas le droit de faire tout ce qu'il fait, certaines choses lui restent réservées. »[183]

L'omniprésence de cette nouvelle entité surmoïque reflète cette difficulté à intégrer le rapport de filiation, à le réécrire au passé simple. Dorénavant parole d'évangile, l'impératif surmoïque, « il faut tuer le père » s'imposera d'autant plus fortement à la mort du père qu'il sera adressé à ce même père inconsciemment logé en soi, ou incorporé. Rien d'étonnant à ce que le deuil non fait de son propre père se traduise chez Freud par une obsession théorique. Une nécessité qui reviendra sous la forme du meurtre du père primitif dans *Totem et tabou*. Nous reconnaissons bien là les impasses auxquelles mènent les deuils non faits ; le retour d'un fantôme immortalisé comme totem aux multiples vertus.

Sortir de l'impasse moderne c'est risquer de perdre certains idéaux, ouvrir les yeux sur l'imperfection parentale, briser un tabou s'opposant à son analyse. Le refoulement, lui-même mis en place pour contenir les effets d'un manque d'intégration transgénérationnel, n'est pas une solution durable. Derrière cette solution boiteuse, plus lourde à chaque nouvelle génération, l'on retrouve le problème d'origine et il faudra bien un jour l'intégrer - comme Œdipe qui rencontre la peste et qui la transforme en prospérité.

Après avoir abandonné sa première théorie d'une séduction parentale, Freud ne regarde plus guère en direction des générations antérieures. Il évite de s'immiscer dans les secrets de famille qui expliqueraient certaines aliénations chez l'enfant. Il ne prend pas plus en compte les éventuelles lacunes symboliques parentales qui entraîneraient les réactions œdipiennes. Cette imperfection parentale, leur lacune à titre de parents édificateurs, mérite pourtant d'être reconnue comme un

---

[183] Sigmund Freud (1923), *Essais de psychanalyse*, Payot, 1981, Paris, p. 247.

héritage auquel l'enfant oppose ses revendications - relayant parfois celles d'un des parents. Claude Nachin[184], analysant sous cet angle les dynamiques transgénérationnelles, cite ce passage de *La promesse de l'aube*, un livre autobiographique de Romain Gary : « Avec l'amour maternel, la vie nous fait à l'aube une promesse qu'elle ne tient jamais... je ne dis pas qu'il faille empêcher les mères d'aimer leurs petits. Je dis simplement qu'il vaut mieux que les mères aient encore quelqu'un d'autre à aimer. Si ma mère avait eu un amant, je n'aurais pas passé ma vie à mourir de soif auprès de chaque fontaine... »[185]

Cette imperfection parentale « normale » permet de mieux comprendre les effets transgénérationnels qu'elle génère pour, le cas échéant, pallier le risque d'un passage à l'acte comme le mythe en offre l'illustration. L'enfant naît forcément dans une culture perfectible mais Freud laisse les figures parentales et culturelles immaculées. Il ne lui reste plus qu'à se glisser dans la peau d'un autre, celui d'un Conquistador, et prendre sous son bras ses aliénations sous prétexte d'un principe de réalité qui limite du même coup l'ambition thérapeutique de la psychana-lyse.

Dès lors que la relecture du mythe d'Œdipe de Sophocle nous l'aura enseigné, le refoulement du complexe d'Œdipe n'apparaît plus comme l'unique solution vers la civilisation. Dire que le destin de l'humanité consiste à refouler ce complexe c'est méconnaître la position d'auteur de Sophocle et plus généralement, celle du sujet en soi. Invoquer un principe de réalité, comme le fit Freud, interroge la réalité à laquelle il fait allusion.

Prendre en compte le rapport aux origines et aux parents réels, nécessairement imparfaits dans leur fonction édificatrice,

---

[184] Claude Nachin (1999), *À l'aide, y a un secret dans le placard !*, Edition Fleurus, Paris.
[185] Romain Gary (1960), *La promesse de l'aube*, Folio, Paris.

c'est replacer le sujet dans son contexte de filiation. Intégrer ses origines, c'est associer son vécu à sa préhistoire (personnelle autant que familiale et culturelle) et chercher à libérer le sujet en soi. Au lieu de s'engager dans la solution collective du refoulement des liens de filiation, une telle ouverture restitue à chacun sa singularité. Y reconnaître la survivance des héritages transgénérationnels et la nécessité à les intégrer c'est reconnaître un désir plus fondamental et spirituel, celui d'advenir en tant que sujet.

Comme je l'ai proposé, à regarder du côté de sa famille, le parricide et l'inceste d'Œdipe ne sont pas sans liens avec les projections de Laïos et de Jocaste sur leur fils. Le contexte psychologique qui pèse sur la naissance d'Œdipe doit être pris en compte si l'on souhaite mieux comprendre les enjeux de la problématique œdipienne, elle-même imbriquée dans celle de ses parents et des Thébains. Il y a pourtant déjà longtemps que Georges Devereux proposait de reconnaître l'existence d'un tel « complexe de Laïos »[186]. Le vécu du père, et surtout, ses propres aliénations, ne saurait ne pas rejaillir sur le destin de ses enfants. Vincent Magos[187] souligne aussi la part du père dans la thématique œdipienne, rappelant ces paroles de l'oracle : « Ô Ladbacide Laïos, tu veux une heureuse race ? Je te donnerai donc un fils. Mais le sort te condamne à quitter la lumière du jour par sa main. Le Cronide Zeus l'a voulu, écoutant Pélops aux menaces haineuses dont tu a volé le fils : car telle est sa prière. »

Or Freud n'analysa pas le rôle parental quant aux pulsions de l'enfant, son interprétation ne portant pas tant sur le rapport aux parents, mais bien plutôt sur l'existence de cet Œdipe en soi. Du réel de la relation, éventuellement traumatique, Freud

---

[186] Georges Devereux (1977), *Essais d'ethnopsychiatrie générale*, Gallimard, Paris, p. 168.
[187] Vincent Magos (2005), *Laïos*, Les Impressions Nouvelles, Paris-Bruxelles.

préféra faire appel au registre du fantasme, une production de l'enfant. Un changement qui n'est pas sans conséquences puisque comme le dit Monique Schneider, « Freud fait appel à Œdipe pour en finir avec le thème d'une violence externe exerçant sur le sujet une influence pathogène. En un retournement héroïque, le sujet sera censé assumer la responsabilité du trouble qui s'empare de lui ; à la place de l'agent externe séducteur, on rencontre seulement le sujet affronté à ses désirs propres, désirs incestueux et parricides. »[188] En éludant le problème du rapport à l'autre et en logeant de manière intrapsychique l'origine des pulsions œdipiennes, le modèle freudien ne saurait dès lors imaginer d'autres issues au complexe d'Œdipe que celle de son refoulement, laissant inexplorée les enjeux transgénérationnels qui réclament d'entrer dans l'histoire. Plutôt que d'exiger le refoulement des pulsions, Sophocle réclame que l'homme advienne en tant que sujet

Ainsi que je l'ai montré dans *Sophocle thérapeute*[189], la solution du refoulement de l'Œdipe est caractéristique de la nouvelle civilisation qui voit le jour à Athènes à l'époque de Sophocle. La vraie problématique qu'une telle « solution » est sensée résoudre concerne les héritages transgénérationnels qu'il faudrait pourvoir juguler. C'est aussi au nom de la démocratie et de son idée d'égalité que chacun devait se retrouver à pied d'égalité en refoulant ses héritages transgénérationnels. Que l'on soit issu d'une famille riche ou pauvre, de parents bons ou mauvais, tous devraient pouvoir s'aligner sur une même ligne pour le départ d'une nouvelle vie. Impossible cependant de se couper de ses racines sans perdre une part essentielle de soi-même ni risque d'en payer les conséquences

---

[188] Monique Schneider (1985), *"Père, ne vois-tu pas ? "*, Denoël, Paris, p. 139.
[189] *Sophocle thérapeute, La guérison d'Œdipe à Colone*, Écodition (2013), Genève.

sur le moyen et long terme. C'est là que Sophocle aura tenté de marier les anciennes traditions aux nouvelles aspirations démocratiques athéniennes en proposant avec Œdipe un modèle d'intégration transgénérationnel. L'égalité à laquelle Sophocle nous convie est une égalité en tant que sujet. Quel que soit la nature et l'importance de ses héritages transgénérationnels, dès lors qu'il les aura profitablement intégrés, chacun peut advenir sujet, même Œdipe.

Avec la peste, Sophocle commence par nous expliquer la nature des conséquences d'une accumulation des lacunes d'intégration sur plusieurs générations. Une telle économie d'intégration engendre quantité de nouvelles problématiques, toutes plus graves les unes que les autres. Cela commence avec l'incapacité à advenir sujet et se poursuit avec une méconnaissance de soi grandissante, jusqu'à Œdipe. Arrivent ensuite, dans le réel, les manifestations du passé non passé, sous la forme d'une épidémie de la peste, ou d'une stérilité générale.

Interrogeons maintenant ce que le refoulement de l'Œdipe permet comme économie d'intégration des histoires familiales dont Freud lui-même hérite. Même sans prétendre couvrir ici une recherche qui demanderait plusieurs volumes à des spécialistes de la question, il nous suffira de quelques éléments pour saisir l'importance des charges transgénérationnelles dont Freud hérite à la naissance, expliquant la tâche à peu près impossible pour lui de découvrir le fonctionnement des lois transgénérationnelles qui lui aurait permis de s'affranchir de la solution collective du refoulement des liens de filiation. Ce petit tour d'horizon nous sensibilisera également sur la nature de ce que Freud aura lui-même ainsi laissé à la charge de ses héritiers. Le but n'est donc pas de trouver une argumentation supplémentaire en faveur de l'interprétation transgénérationnelle du mythe d'Œdipe (la chose étant suffisamment clarifiée par l'analyse de l'œuvre de Sophocle elle-même), mais simplement de mieux situer l'apport freudien dans son contexte. Un contexte nécessairement redevable de son acculturation, dont l'émancipation suppose de renouer avec cette conscience des liens transgénérationnels des cultures antérieures, traditionnelles.

Freud et ses parents

Un bon nombre d'éléments historiques sont aujourd'hui connus, qui peuvent expliquer pourquoi Freud aura arrêté son analyse au seuil de la problématique œdipienne. Des épisodes familiaux sont restés sans paroles, privant Freud de ce « verbe » qui lui aurait permis d'éclairer les manifestations de son inconscient à la lumière des histoires non intégrées de sa famille.

Pour ses 35 ans, Jacob Freud offre à Sigmund une Bible bien étrange. En effet, le père de Freud avait spécialement fait relier l'ouvrage de famille pour qu'il commence à la page 423, avec un épisode particulier de l'histoire du roi David, dans le deuxième livre de Samuel. L'histoire raconte que David fut séduit par la beauté de Bethsabée. Il l'a fait venir dans son lit, bien qu'elle fût mariée à Urie, un de ses généraux occupés au combat. Mais Bethsabée tombe enceinte et, pour tenter d'attribuer cette paternité à son mari, David oblige Urie à quelques jours de repos. Mais ce dernier, par solidarité avec ses guerriers, ne touche pas à sa femme. David donne alors des ordres pour exposer Urie de telle sorte qu'il périsse dans les affrontements. David épouse alors Bethsabée mais Dieu punira le fruit de cet adultère et l'enfant mourra.

Quel message Jacob Freud a-t-il cherché à transmettre à Sigmund Freud en faisant transformer sa Bible pour qu'elle commence sur cette histoire ? S'il avait voulu rendre son fils attentif à un problème d'identité paternelle, et à supposer qu'il fût tenu de garder sa langue, il ne s'y serait pas pris autrement. Cette énigme mérite toute notre attention, surtout qu'elle pourrait indiquer la présence d'un secret de famille et motiver autant une quête de vérité qu'un besoin de refoulement chez Freud.

Dans la famille de Freud, ils s'en trouvent des secrets et autres histoires non intégrées. Dans son fameux livre, *L'homme aux statues*, Mary Balmary évoque un secret de famille concernant le deuxième mariage du père de Freud. Après un premier mariage, Jacob aurait épousé une certaine Rebecca. Se sont donc ses troisièmes noces qu'il fête lorsqu'il s'uni avec la mère de Sigmund Freud. Or personne ne sait ce qu'il advint de sa deuxième femme, et Jacob Freud n'en aura jamais parlé. De plus, Marie Balmary révèle une autre découverte, toujours significative des secrets qui semblent coutumiers chez les Freud. Pour qui s'intéresse aux analyses transgénérationnelles, l'information est importante : les archives de la ville natale de Sigmund révèlent une falsification de sa date de naissance. Au lieu d'être né neuf mois après le mariage de ses parents comme cela était prétendu, soit le 6 mai 1856, Sigmund est né le 6 mars[190]. Il devait y avoir de bonnes raisons pour falsifier cette date. Peut-être fallait-il cacher les circonstances de la conception de Freud, deux mois avant la cérémonie du mariage.

Déjà marié deux fois, déjà père, n'ayant pas de situation, Jacob Freud a 40 ans lorsqu'il épouse Amalia, une jolie jeune Viennoise de 20 ans. Difficile d'imaginer qu'une belle jeune femme libre de son avenir ait pu choisir un tel parti. Et comme les occasions de rencontres entre ces habitants de deux villes différentes n'ont, semble-t-il, pas donné lieu à une idylle suivie, ou épiscopale, bien des psychanalystes historiens retiennent la thèse d'un mariage arrangé. Comme Gabrielle Rubin nous le

---

[190] Le 6 mars est aussi la date anniversaire de la naissance d'un certain Michel-Ange, « père » de la fameuse sculpture de Moïse à Rome, le personnage qui a tant occupé les pensées de Freud et auquel il consacra son dernier livre, *L'homme Moïse et la religion monothéiste*.

rappelle dans son livre *Le roman familial de Freud*[191], à cette époque, il n'est pas de pire sort pour une jeune fille que d'être une mère célibataire.

Le savoir inconscient qui toujours troublera Freud pourrait bien être lié à ces questions. Pour Gabrielle Rubin, « l'essence de son roman familial, ce n'est pas que sa mère se soit – ou ne soit pas – mariée enceinte de deux mois, mais bien la possibilité qu'il ait été conçu par un autre homme que Jacob ». En s'appuyant notamment sur les productions fantasmatiques de Freud concernant sa propre famille, Gabrielle Rubin repère cette obsession (inconsciente) relative à l'identité de son géniteur. Elle rappelle à quel point Freud n'a cessé d'être tourmenté par cette question qui revient de multiples manières, dans ses rêves, dans ses symptômes, comme dans sa théorie. Pendant son enfance, Sigmund aura pu parfois confondre un de ses demi-frères du même âge que sa mère avec son père, qui eut pu être son grand-père. Le fameux renoncement à la théorie de la séduction, qui responsabilisait, au moins pour une part, les vécus et les conduites des parents dans la formation des névroses de leurs enfants, correspond au genre d'impasse dans laquelle se retrouvent les héritiers des secrets de leurs parents, privés du verbe qui permettrait d'intégrer les héritages transgénérationnels. D'autres psychanalystes, comme Christian Notz[192], auront proposé des pistes pour connaître l'identité du père biologique de Freud.

De manière générale, il faut bien reconnaître que la relation de Freud avec ses parents est plus ambivalente qu'à l'accoutumée entre les générations. Même s'il ne s'est jamais reconnu en lui, de ce qu'il a laissé transparaître, Freud protège son père Jacob et modère ses reproches à son égard. Néan-

---

[191] Gabrielle Rubin (2002), *Le roman familial de Freud*, Payot, Paris.
[192] Christian Notz (2005), *Psychanalyse de l'État et de la mondialisation*, Publibook, Paris.

moins, des passages de sa correspondance[193] avec Fliess, d'abord censurés, laissent entendre que Freud éprouvait des sentiments ambivalents pour son père. En revanche, l'amour qu'il dit porter à sa mère est si lisse, ou poli, qu'il ne fait pas trop illusion quant à la charge de souffrance qui s'y rejoue. Par exemple, il est notoire que Freud se plaignait de maux de ventre avant d'aller rendre visite à sa mère comme il en avait l'habitude les dimanches matin. Alain Braconnier cite le petit-fils d'Amalia, Martin, qui décrit sa grand-mère « comme une "tornade", pas facile à vivre, impatiente, et sa petite-fille, Julie Bernays Heller, qui vécut de nombreuses années à ses côtés, la décrivait comme une femme "capricieuse et énergique, dotée d'une volonté de fer, déterminée à obtenir ce qu'elle voulait dans les petites et les grandes choses [...], un tyran et un tyran égoïste[194]". » Ce qui est certain, c'est que finalement, Freud ne se rendra pas aux funérailles de sa mère. Est-ce de l'ingratitude de la part d'un fils envers une mère qui n'a eu de cesse d'en faire un futur grand homme, de le nommer obsessionnellement son « Sigi en or » et d'en faire ouvertement son enfant de prédilection ? Ou est-ce le résultat d'une mission transgénéra-tionnelle plus aliénante que valorisante, porteuse de secrets, de la nostalgie d'un amour impossible, interdit, ou dont le deuil serait impossible à faire ? Car c'est peut-être bien grâce à ce fils sur lequel elle projetait « un investissement narcissique puissant[195], » remplissant une loyale et presque impossible mission transgénérationnelle, qu'Amélia Freud se sera accommodé de son mariage.

---

[193] Voir Jeffrey M. Masson (1984), *Le réel escamoté*, Aubier, Paris, et (1985), *The complete letters of Sigmund Freud to Wilhelm Fliess*, Harvard University Press, Cambridge, MA.

[194] Alain Braconnier (2005), *Mère et fils*, Odile Jacob, Paris, p. 50.

[195] Alain Braconnier (2005), *Mère et fils*, Odile Jacob, Paris, p. 50.

Pour Didier Dumas[196], un autre fait va marquer Freud : « Freud a toute sa vie été hanté par la mort de son petit frère Julius, survenue un mois, date pour date, après celle du frère puîné de sa mère, Julius Nathansohn, dont on lui avait donné le nom. » Un double deuil[197] donc pour sa mère, qui ne saurait manquer d'affecter le tout jeune Sigmund. Les conflits idéologiques et théoriques qui jalonnèrent la vie de Freud furent tellement intenses et récurrents qu'il serait difficile de ne pas les associer avec les problématiques vécues par ses parents et non intégrées. À la suite de Nicolas Rand et Maria Torok, Pascal Hachet[198] analyse encore d'autres épisodes dans la famille de Freud qui ne pouvaient ne pas laisser de traces. Vers ses neuf ans, les journaux viennois du 21 juin 1865 relatent que son oncle, Joseph, fut pris en flagrant délit de trafic de fausse monnaie. Il fut publiquement jugé et condamné à dix années d'incarcération. Un événement honteux qui s'ajoute aux humiliations que subissent les juifs à cette époque. Dans une famille marquée par la pauvreté, Freud est bien décidé à sortir son épingle du jeu.

La nuit qui suit l'enterrement de son père, en rêve, Freud lit cette inscription : « On est prié de fermer les yeux[199]. » Ce message lui offre une nouvelle occasion de se culpabiliser, face à son père, de son retard à la cérémonie, sans s'inquiéter davantage de l'objet du rêve et des secrets d'un père intouchable. Ainsi que Joan Raphael-Leff[200] le suggère, l'auto-

---

196 Didier Dumas (2001), *La Bible et ses fantômes*, Desclées de Brouwer, Paris, p. 91.
197 Voir un triple deuil s'il fallait prendre en compte l'interruption d'une relation amoureuse avec le père biologique de Freud.
198 Pascal Hachet (2000), *Cryptes et Fantômes en psychanalyse*, L'Harmattan, Paris.
199 Sigmund Freud (1956), *La naissance de la psychanalyse*, 1996, PUF, Paris, p. 152.
200 Joan Raphael-Leff (1990), « If Oedipus was an Egyptian », *Int. Rev. Psycho-Anal*, 17, Londres, p. 309.

analyse de Freud bute sur une injonction impossible, celle de « tourner ses yeux à l'intérieur, pour apprendre à se connaître[201]. » Au lieu d'y trouver la trace de son propre père, Freud y rencontre cet Œdipe criminel, se substituant à l'analyse de sa filiation. Cette solution est symptomatique d'une fin de non-recevoir que le père oppose a priori à la demande légitime (mais inconsciente) du fils. Bien évidemment, ce dernier désire recevoir de ses parents une transmission symbolique de ce qui se rapporte à ses propres origines et dont le manque l'aliène.

Le rêve dont se souvient Freud réclame une plus profonde analyse et nul doute que Jacques Lacan, dans son séminaire sur « l'Envers de la psychanalyse », s'y réfère quand il qualifie l'Œdipe « comme étant un rêve de Freud. »[202] Un rêve non analysé qui laisse aux prochaines générations de psychanalystes la charge d'une problématique transgénérationnelle inanalysée.

Enfin, lorsque l'on lit les derniers écrits de Freud, on constate qu'il n'est pas exclu qu'il ait pris conscience de l'impact de ses héritages transgénérationnels dans sa vie, dans ses symptômes et dans ses options théoriques. Peut-être aura-t-il finalement bénéficié de quelques confidences, dont il ne pouvait faire état sans risquer de trop gravement secouer l'institution psychanalytique qu'il avait mis une vie à bâtir. Dans son dernier ouvrage *L'homme Moïse et la religion monothéiste*, Freud[203] lui-même propose d'accorder plus d'importance au vécu des générations précédentes. « Mais le travail analytique a aussi mis autre chose au jour, quelque chose dont la portée ira au-delà de ce que nous avons considéré jusqu'ici. Si nous étudions les réactions aux traumatismes précoces, nous avons très souvent la surprise de découvrir qu'elles ne s'en tiennent pas strictement à

---

[201] Sigmund Freud, *La vie sexuelle*, PUF, 1977, Paris, p. 143.

[202] Jacques Lacan (1991), *L'envers de la psychanalyse*, Le Séminaire, XVII, Seuil, Paris, p. 135.

[203] Sigmund Freud, *L'homme Moïse et la religion monothéiste*, Gallimard, Paris, 1986, p. 195.

ce que nous avons réellement vécu nous-mêmes mais qu'elles s'en éloignent d'une manière qui convient bien mieux au modèle d'un événement phylogénétique et, d'une façon générale, ne peut être expliqué que par l'influence de celui-ci. Le comportement de l'enfant névrotique à l'égard de ses parents dans le complexe d'Œdipe et dans le complexe de castration surabonde en réactions qui semblent injustifiées du point de vue individuel et qui ne peuvent être comprises que phylogénétiquement, par rapport à l'expérience vécue de générations antérieures. Il vaudrait certes la peine de réunir et de soumettre au public le matériel auquel je peux me référer ici. Sa force probante me paraît suffisante pour oser le pas suivant et affirmer que l'héritage archaïque de l'homme n'englobe pas seulement des dispositions mais aussi des contenus, des traces mnésiques relatives au vécu de générations antérieures. »

Quoiqu'il en soit, il n'est pas nécessaire de savoir si oui ou non Jakob Freud fut ou pas le père biologique de Sigmund pour comprendre les limites de son analyse du mythe d'Œdipe. Ce qui est certain, c'est que l'histoire familiale n'aura pas fait l'objet d'une analyse permettant de poser les termes des problèmes, encore moins de les intégrer. Renoncer à percer le mystère sous-jacent aux fantasmes familiaux (taxé de roman familial) ressemble à un abandon du rapport aux origines, qu'un « principe de réalité », même partagé, ne saurait compenser.

Dans les circonstances qui furent les siennes, Freud n'aura pu ni élaborer et donc encore moins intégrer ses héritages transgénérationnels. Comme ce fut le cas des parents d'Œdipe, ceux de Freud ne lui auront pas plus transmis les éléments qui lui auraient permis d'élaborer ses héritages transgénérationnels. Cette absence d'analyses se rapportant au vécu de sa famille laisse nécessairement Freud à la merci d'une interprétation moderne, « standard », du mythe d'Œdipe. Comme je l'ai déjà indiqué, son élaboration du complexe d'Œdipe court-circuite les manques d'intégration de l'histoire familiale, cachés derrière des manifestations d'amour et de haine infantiles, voire primaires. À défaut d'une analyse de ses héritages transgénérationnels, le deuil quasiment impossible à faire de son père obligera Freud à développer des vues générales et à recourir à la solution civilisatrice anti-œdipienne.

Rappelons que la condition pour Œdipe d'aller jusqu'à Colone, c'est bien cette traversée de ses origines, qui lui valent d'accéder à la vérité sur sa préhistoire. En l'occurrence, il s'agit de la levée du secret sur sa naissance, du rétablissement de la vérité-*Alètheia*, de la découverte des vrais visages de Mérope et de Polybe, soit ceux de Jocaste et de Laïos. Les circonstances de la mort de son vrai père étant éclairées, Œdipe pourra en faire le deuil – qui, sinon, eut été impossible à faire. À défaut de ce type de traversée, il faut alors assumer le conflit œdipien comme supposé dénué de fondements, rendu culpabilisant parce que privé de sa signification transgénérationnelle. Il ne reste plus qu'à le refouler ou à le sublimer, quitte à s'y atteler pour le restant de ses jours. Voilà la frontière infranchissable qui interdit à Freud de suivre Sophocle jusqu'à Colone.

La perspective transgénérationnelle nous aura permis de comprendre la problématique de filiation qui opère dans la destinée d'Œdipe. Son refoulement, civilisateur selon Freud, apparaît comme l'échec de son intégration transgénérationnelle. Nous dégageons ainsi l'horizon d'une autre réalité que celle qui consisterait à voir en Œdipe la manifestation d'un complexe universel. C'est l'homme acculturé dans une civilisation moderne qui aurait tendance à oublier la part du sujet derrière les conduites infantiles et œdipiennes de sa progéniture. De la même manière, Freud n'avait pu percevoir la part du sujet chez Sophocle, celle qui pourtant réécrit la légende de manière parfaitement cohérente et conforme aux lois transgénérationnelles.

Le refoulement du complexe d'Œdipe préserverait provisoirement de la confrontation tragique qui eut lieu entre Œdipe et Laïos. En évitant d'analyser le rapport de filiation, cette orientation réduit le projet psychanalytique en une métaphysique. Elle s'impose comme un rapport de croyance envers l'image d'un parent prétendument détenteur du savoir, sans l'interroger. Dans cette perspective, le rapport au père réel, lui, n'entre pas dans l'histoire. De même, la question du féminin charnel et du maternel reste dans l'ombre, à l'abandon sur le bord d'une route réglementée par le modèle du refoulement collectif.

Le rapport passionné entre Freud et Fliess, ce médecin Berlinois qui voit le nez comme reflet des organes sexuels, aura aussi joué un rôle dans l'adoption d'une interprétation moderne de l'Œdipe. Freud soulage-t-il son interlocuteur d'une analyse sans concession - au risque de perdre la fortune et la gloire qu'il espérait - lorsqu'il lui annonce renoncer à sa théorie de la séduction parentale ? Ou alors, faut-il comprendre qu'en ménageant son alter ego, c'est l'analyse de son propre rapport au père qu'il évite d'analyser ? Quoi qu'il en soit, leur relation tournera court[204], laissant le transfert entre ces deux hommes non-analysé. Un manque d'analyse du rapport de filiation qui va peser lourd dans l'histoire de la psychanalyse. Nombreux seront les disciples qui voudront faire de Freud un père symbolique pour se heurter à sa propre limite en la matière : les fils étant toujours désignés comme fautifs envers le père. La

---

[204] Par deux fois Freud s'évanouira en présence de Jung, toujours pour une question du rapport au père. « Il m'est impossible d'oublier qu'il y a cela six et quatre ans, j'ai éprouvé des symptômes très semblables, encore que moins intenses, dans la même salle du Park Hôtel. Ce fut lors d'une maladie de Fliess que je me rendis pour la première fois à Munich et cette ville me paraît très liée à mes relations avec l'homme en question. Il y a, au fond de toute cette affaire, un problème homosexuel non résolu »[204] Dans *La vie et l'œuvre de Sigmund Freud,* de Ernest Jones, PUF, 1958, Paris, p. 348.

difficulté se cristallisera autour d'une édification quasi religieuse du mouvement psychanalytique et des divergences théoriques qu'une telle politique suscite nécessairement. René Kaës analyse cette histoire. « La rupture avec Jung, l'héritier espéré, sera l'occasion de développer le questionnement sur l'héritage archaïque de l'humanité : sur la transmission de la culpabilité et des interdits, conséquences de la faute envers le père, et sur sa propre paternité. Dans ce mouvement Freud entreprend, par le moyen du mythe scientifique qu'il construit, d'élaborer sa propre position d'héritier de la faute des Ancêtres. *Totem et tabou* (1912-1913) sera aussi une réponse de Freud à un problème de transmission de la psychanalyse : le devenir de l'institution de la psychanalyse est au centre de l'élaboration théorique, dans le moment même où Freud en met à l'épreuve l'universalité et l'extension hors du champ intrapsychique. »[205] D'un côté comme de l'autre, l'absence d'analyse du rapport aux parents réels, de leurs imperfections édificatrices, et des effets d'un manque d'intégration des origines dans la filiation laisseront les uns et les autres faces aux désillusions qui succèdent aux idéalisations.

Privés de père édificateur, les fils l'inventent

Nous l'avons vu, Freud sèche devant l'héritage laissé non-dit, entre Laïos et Œdipe et entre lui-même et son père. Toujours provisoire, la solution du refoulement œdipien sur laquelle s'érige la modernité est formulée mais pas traversée - ou intégrée. Pour Michel Juffé, « en renonçant à explorer complètement la légende d'Œdipe, [...] Freud renonce à en savoir plus sur la transmission des parents aux enfants, sur ce qui opère au long des lignées parentales, *à commencer par les siennes.* »[206] Ce déficit de symbolisation va motiver les

---

[205] René Kaës (2001), Transmission de la vie psychique entre générations, Dunod, Paris, p. 2.
[206] Michel Juffé (1999), *La tragédie en héritage*, Eshel, Paris, p. 105.

développements proposés dans *Totem et tabou* qui, nous pouvons nous en douter, corroborent son interprétation du mythe d'Œdipe. Un ouvrage plutôt dicté par la nécessité subjective de son auteur que rédigé au terme d'une analyse désintéressée. De cela aussi pouvons-nous tirer un enseignement.

La thèse que Freud soutien avec force conviction dans *Totem et Tabou* est celle d'un meurtre originaire. Il s'agit du meurtre du père de la horde primitive, un événement qui donnerait un fondement historique à l'universalité du complexe d'Œdipe ainsi qu'à l'interprétation du mythe éponyme. Le complexe d'Œdipe répéterait ontogénétiquement un vécu phylogénétique. L'hypothèse de Freud tourne autour de la figure d'un père chef d'une horde primitive. Celui-ci exercerait son pouvoir au détriment de ses fils et se réserverait les femmes du groupe. Le décor est ainsi planté qui conduira au drame inaugurant l'acculturation de l'homme. Un drame qui se déroule en deux temps. Premièrement, révoltés contre l'oppression du père, les fils se seraient associés pour le mettre à mort. Deuxièmement, à la suite de ce meurtre originel, les fils se seraient repentis et auraient instauré l'exogamie et le totémisme, ce dernier interdisant le meurtre du substitut du père, c'est-à-dire la destruction du totem.

Comme pour l'enfant confronté à ses pulsions œdipiennes, tuer le père et accéder à la jouissance seraient deux désirs ancrés aux sources même de la nature humaine. Pour Freud, « il ne fait aucun doute que l'on est en droit de voir dans le complexe d'Œdipe l'une des sources les plus importantes de la conscience de culpabilité dont les névrosés sont si souvent affligés. Mais plus encore : dans une étude sur les débuts de la religion et de la moralité humaines, que j'ai publiée en 1913 sous le titre de *Totem et tabou*, j'ai été amené à conjecturer que l'humanité dans son ensemble a peut-être acquis sa conscience de culpabilité, la source ultime de la religion et de la moralité, au commencement de son histoire, par le complexe d'Œdipe. »[207]

En même temps qu'ils mentionnent les erreurs et interprétations erronées à partir desquelles Freud tente d'argumenter sa thèse du meurtre originel, Elisabeth Roudinesco et Michel Plon résument l'admiration, plus littéraire que scientifique, que provoqua le père de la psychanalyse. « L'ouvrage se présente à la fois comme une rêverie darwinienne sur l'origine de l'humanité, une digression sur les mythes fondateurs de la religion monothéiste, une réflexion sur la tragédie du pouvoir, de Sophocle à Shakespeare, et un long voyage initiatique à l'intérieur de la littérature ethnologique du tournant du siècle [...] Avec *Un souvenir d'enfance de Léonard de Vinci* et *L'Homme Moïse et la religion monothéiste*, *Totem et Tabou* figure parmi les livres les plus critiqués de Freud. [...] Et pourtant ces trois livres sont de véritables chefs-d'œuvre, autant par leur écriture, digne de la meilleure littérature romanesque du XIXe siècle, que par le défi qu'ils lancent au raisonnement scientifique. »[208]

Freud resta persuadé du bien-fondé de ses vues même si, d'un point de vue scientifique, ses développements prêtent au doute. À l'évidence, cette œuvre témoigne d'un tournant dans la métapsychologie freudienne. Comme il le dira lui-même, le propos de ses élaborations n'est plus de rendre compte de sa seule expérience, mais d'anticiper sur un domaine nouveau. Ce livre doit « se contenter d'éveiller l'attention des uns et des autres, et je m'estimerais heureux si ma tentative pouvait avoir

---

[207] Sigmund Freud, *Conférences d'introduction à la psychanalyse*, Gallimard, 1999, Paris, pp. 421-422.
[208] Elisabeth Roudinesco et Michel Plon (1997), *Dictionnaire de la psychanalyse*, Fayard, Paris, pp. 1057-1059.

pour effet de rapprocher tous ces savants en vue d'une collaboration qui ne peut qu'être féconde en résultats. »[209]

Totem et Tabou s'inscrit dans cet écart entre sa subjectivité et l'universalité des vérités scientifiques pour témoigner de cette tentative de rendre opérante sa propre œuvre. Fonction de croyance aussi, où le style et la forme littéraire tentent d'emporter l'adhésion sur une rationalité encombrante et synonyme d'une limitation de l'esprit. Acte de séduction également, où le rapport originaire est sublimé dans l'exercice littéraire. Louable pour la fonction qu'elle remplit chez son auteur, une telle option gagnerait cependant à être reconnue comme telle et non pas comme une prétendue vérité universelle. Dans une lettre à Karl Abraham datée du 11 décembre 1914, Freud reconnaît dans ce changement l'adoption d'une position d'auteur : « Avant, ma manière de travailler était différente : j'avais l'habitude d'attendre qu'une idée me vienne. Maintenant je vais à sa rencontre ». À la fin de sa vie, dans un entretien avec Giovani Papini, réalisé à Vienne en mai 1934, Freud est explicite : « Tout le monde croit que je tiens avant tout au caractère scientifique de mon travail, et que mon but principal est le traitement des maladies mentales. C'est une terrible erreur qui est restée prévalent durant des années et que j'ai été incapable de corriger. Je suis un scientifique par nécessité et non pas par vocation. Je suis réellement par nature un artiste [...] et de cela existe une preuve irréfutable : dans tous les pays où la psychanalyse a pénétré, elle a été mieux comprise et appliquée par les écrivains et les artistes que par les médecins. Mes livres, en fait, ressemblent plus à des œuvres d'imagination qu'à des traités de pathologie [...] J'ai pu accomplir mon destin par une voie indirecte et atteindre mon rêve : rester un homme de lettres, même si c'est sous l'apparence d'un médecin. Chez tout grand homme de science, il y a le levain de la fantaisie, mais aucun ne propose comme moi de

---

[209] Sigmund Freud (1923), *Totem et tabou*, 1965, Payot, Paris, p. 8.

traduire l'inspiration offerte par la littérature moderne en théories scientifiques. Dans la psychanalyse, vous trouverez rassemblées, bien que transformées en un jargon scientifique, les trois grandes écoles littéraires du XIXe siècle : Heine, Zola et Mallarmé sont réunis dans mon œuvre sous le patronage de mon vieux maître, Goethe. »[210]

Totem et Tabou contribue à la singularité de Freud, comme auteur. En même temps, ce livre participe d'une évolution de sa pensée vers des spéculations plus subjectives. Un basculement qui s'autorise d'une conviction interne pour ne pas dire d'une nécessité transférentielle résultant de ses aliénations transgénérationnelles. Comme je le disais dans le premier chapitre, les vertus thérapeutiques d'un travail d'auteur seraient ici mises à contribution, plus que celles d'une analyse qui serait libératrice et non pas compensatrice. L'expérience clinique de Freud pourrait bien y jouer un rôle, ne serait-ce qu'à voir des élaborations subjectives de ses analysants contrebalancer les symptômes. Réinterpréter sa préhistoire selon ses propres besoins prendrait alors le pas sur l'exigence d'advenir en tant que sujet. Reste que ce nouvel apport manifeste la nécessité qui le fonde. Il laisse entendre, entre les lignes et dans la symptomatique qui le détermine, la difficulté d'analyse de sa propre filiation, celle d'un héritage transgénérationnel resté inconscient mais qui n'en dicte pas moins à Freud l'idéal d'une mythaphysique du père.

Un tel retour du refoulé, sublimé, correspond bien à l'idée que Freud se fait d'un travail du moi - résumé dans la célèbre formule « wo es war soll ich werden ». « Je ne vois aucune raison de refuser le nom de "refoulement" au fait que le moi se détourne du complexe d'Œdipe bien que des refoulements ultérieurs se produisent la plupart du temps avec le concours du

---

[210] Cité par François Ansermet (1989), *La psychose dans le texte*, Analytica vol. 58, Navarin, Paris, p. 8.

surmoi lequel n'est ici qu'en formation. Mais le procès que nous avons décrit est plus qu'un refoulement, il équivaut, si les choses s'accomplissent de manière idéale, à une destruction et à une suppression du complexe. Nous sommes portés à admettre que nous sommes tombés, ici, sur la ligne frontière jamais tout à fait tranchée, entre le normal et le pathologique. Si vraiment le moi n'est pas parvenu à beaucoup plus qu'à un refoulement du complexe, alors, ce dernier subsiste dans l'inconscient et il manifestera plus tard son effet pathogène. »[211] Cet entre-deux, séparant « le normal et le pathogène », réclame un travail qui serait « plus que du refoulement ». Ce complément, à défaut de porter sur les réalités transgénérationnelles, doit néanmoins permettre au sujet d'avancer une création, ou mythopoïétique, qui puisse concourir à son économie psychique - et compenser son aliénation. À l'image de ces auteurs qu'il admire tant, Freud s'engage vers une création plus personnelle, celle d'un *Urvater* (le « père primitif ») et vers un mythe scientifique des origines de la culture.

La démarcation entre « le normal et le pathogène » n'est pour autant pas résolue par l'advenir auteur. Sa production toute personnelle réclamerait un acte de croyance ou de foi, motivé pas une nécessité interne que tous ne partagent pas forcément. En revanche, l'œuvre de Sophocle et l'art en général se passent d'un rapport de croyance, contrairement à une production idéologique qui réclame d'y croire, offrant un filtre ou une grille de lecture du monde sensé compenser le manque de connaissance, à commencer par la connaissance du sujet en soi.

Fondateur d'une nouvelle discipline, Freud désire faire reconnaître l'existence de l'inconscient et ne centre pas son approche sur la présence d'un sujet potentiel chez l'homme. C'est peut-être là son talon d'Achille. Au lieu de s'instruire de

---

[211] Sigmund Freud, *La vie sexuelle*, PUF, 1977, Paris, p. 120.

cette présence du sujet chez les auteurs comme nous l'avons fait avec Sophocle, il les met au service de l'inconscient ou plutôt de sa sublimation civilisatrice. Une approche critiquable mais cohérente puisque pour lui, le complexe d'Œdipe est un universel introduisant à la culture. Germaine Memmi pense aussi qu'en « prenant fréquemment comme exemples des créations universellement admirées, il y puisait en outre une prestigieuse caution culturelle pour ses propres découvertes. »[212] Freud cependant ne cache pas sa dette envers celles et ceux qui créent et régénèrent la culture. De telles associations sensibilisent les néophytes aux mouvements de l'âme, et comme pour la mythologie et les contes, un certain rapport au symbolique contribue à leur vertu pédagogique. En ce sens, ces références permettent aux élaborations psychanalytiques d'établir une relation formelle à la symbolique et aux lois non écrites. Ce dialogue offre à Freud et à la psychanalyse une marge de manœuvre, entre subjectivité et science, qui aurait dû se mettre au service du sujet, en particulier du sujet en Œdipe, comme pourrait le faire une herméneutique du sujet.

Dans un courrier datant de 1931, Freud glisse une nouvelle référence littéraire : « Le complexe d'Œdipe, au point où nous en sommes de nos connaissances, a existé en tout être humain pendant l'enfance, a subi durant les années de développement de grandes altérations et se retrouve jusqu'à l'âge mûr, avec une intensité variable, chez de nombreux individus. Ses caractéristiques essentielles, sa généralité, son contenu, son destin ont été reconnus, bien avant l'époque de la psychanalyse, par un penseur aussi perspicace que Diderot, comme le prouve un passage de son célèbre dialogue *Le Neveu de Rameau*. Dans la traduction par Goethe de cet écrit (t. 45 de l'édition Sophie) on peut lire à la page 136 : "Si le petit sauvage était abandonné à lui-même, qu'il conservât toute sa faiblesse (imbécillité) et qu'il

---

[212] Germaine Memmi (1996), *Freud et la création littéraire*, L'Harmattan, Paris, pp. 13-14.

réunît au peu de raison de l'enfant au berceau la violence des passions de l'homme de trente ans, il tordrait le cou à son père et déshonorerait sa mère." »[213] Au risque de me répéter, l'erreur de Freud fut de mettre l'inconscient de Sophocle au service de sa production artistique et non pas d'y voir un essai de symbolisation des lois non écrites par Sophocle en tant que sujet. La projection de Diderot sur le petit sauvage ne fait que reprendre cette spéculation typiquement moderne, laquelle rappelle furieusement celle de Laïos sur Œdipe. En effet, les parents qui ont manqués d'être édificateurs, comme c'est assurément le cas des parents du petit sauvage, et Diderot semble lui aussi en savoir quelque chose, sont sous la menace que formule l'oracle dans la légende Thébaine. Une telle perspective réduit le mythe d'Œdipe au prétendu complexe d'Œdipe de Sophocle au lieu d'y reconnaître l'illustration pourtant éclatante de la renaissance d'Œdipe en tant que sujet.

À l'origine, l'acte ou le verbe ?

Pour mieux saisir l'enjeu des vues que Freud défend dans *Totem et Tabou*, reprenons-les sous l'angle d'une création sublimant ses propres héritages non intégrés. Si Freud avance le meurtre du père comme s'agissant d'un fait historique, son affirmation peut tout autant dénoncer l'absence d'une fonction symbolique édifiante chez le géniteur. À remonter dans la préhistoire, il semble peu probable d'y trouver un homme doté des compétences symboliques qui ferait de lui, en plus d'une fonction reproductrice, un père édificateur pour sa progéniture. C'est bien pour tenter d'y pallier que l'homme aura eu recours aux rites, aux croyances, aux dogmes religieux, aux lois écrites.

---

[213] Sigmund Freud (1931), « L'expertise de la Faculté au procès Halsmann » dans *Résultats, idées, problèmes II*, 1985, PUF, Paris, p. 187.

Ultime référence, Freud conclut *Totem et Tabou* en citant *Faust* de Goethe : « au commencement était l'action ». Une affirmation qu'il s'agit précisément de contraster avec le texte biblique : « au commencement était le verbe ». Entre ces deux options, nous trouvons toute la problématique de l'imperfection parentale dans les dynamiques de filiation, celle d'une nécessité à intégrer les origines. Tuer le père imparfait devient symptomatique d'une incapacité à reconnaître ses lacunes en tant que père édificateur.

L'acte auquel Freud fait référence concerne le meurtre du père et celui de son idéalisation divine, prélude et introduction à la culture. Un philosophe, qui pourrait aussi être ce héros de légende, le premier poète, s'exclamait : « Dieu est mort ! Dieu reste mort ! Et c'est nous qui l'avons tué ! Comment nous consolerons-nous, nous, meurtriers entre les meurtriers ! Ce que le monde a possédé de plus sacré et de plus puissant jusqu'à ce jour a saigné sous notre couteau ; qui nous nettoiera de ce sang ? Quelle eau pourrait nous en laver ? Quelles expiations, quel jeu sacré seront-nous forcés d'inventer ? La grandeur de cet acte est trop grande pour nous. Ne faut-il pas devenir Dieu nous-mêmes pour, simplement, avoir l'air dignes d'elle ? »[214]

Là encore, comme pour le parricide commis par Œdipe, nous entendons combien les fils souffrent d'une absence de père édificateur. Au lieu de cela, le parent transmet à sa progéniture la charge de son incapacité à assumer sa fonction édificatrice, une charge qui passe par cette projection de vœux œdipiens « chez tout un chacun ».

Cette action, le meurtre du père, que Freud, avec Goethe, situe aux sources de notre culture, nous renvoie donc bien plutôt à l'absence d'un père édificateur - comme celui qu'Œdipe incarne à la fin de sa vie. A défaut, les fils se retrouvent dans

---

[214] Friedrich Nietzsche (1882), *Le Gai Savoir*, Flammarion, 1997, Paris.

cette nécessité à assumer pour eux-mêmes un rôle défaillant chez leur père. Comme Œdipe ils se retrouvent à la place d'un autre au lieu d'advenir pour eux-mêmes, en tant que sujets. Pour cela il eut fallu que le père advienne lui-même à sa fonction de père édificateur et qu'à ce titre il puisse entrer dans l'histoire et céder avec bonheur à la nouvelle génération les fonctions qui conviennent à chaque âge. Le mettre à mort ne serait qu'une façon détournée de signifier son absence et ses lacunes. La révolte des fils que Freud imagine dans son mythe, ne serait pas tant due à des conflits de type œdipiens, mais à ce qui les fonde : une lacune chez leur géniteur, un manque de « verbe » édificateur. Comme nous l'avons analysé à propos du parricide d'Œdipe, le meurtre commis par le ou les fils est surtout significatif du manque symbolique dans lequel le père laisse ses fils. Et s'il n'est pas retourné au père, son absence de fonction symbolique peut conduire au meurtre du frère comme c'est le cas entre Caïn et Abel[215]. Au contraire, le parent doté d'une fonction édificatrice transmet à ses enfants de quoi intégrer son héritage, l'histoire de ses ancêtres. André Gide semble saisir chez Thésée une telle fonction puisque dans son *Thésée*, il commence par lui prêter cette intention édificatrice : « C'est pour mon fils Hippolyte que je souhaitais raconter ma vie, afin de l'en instruire. »[216]

Descendre d'un cran la problématique des origines, y inclure le rapport au père et à la mère, nous rend accessible une perspective plus cohérente que celle consistant, toujours et encore, à s'en référer à l'aliénation moderne. Ainsi, ce n'est pas simplement l'action et le verbe qui se feraient face. L'espace à symboliser comprend ce rapport aux origines qu'Œdipe traverse de Thèbes à Colone, entre le diable (d'une division volontaire du symbole) et dieu (comme idéalisation imperson-

---

[215] Didier Dumas (2001), *La bible et ses fantômes*, Desclée de Brouwer, Paris, pp. 105-124.
[216] André Gide (1946), *Thésée*, Gallimard, Paris, p. 13.

nelle), entre une transmission symptomatique et une autre impersonnelle. Derrière la fonction du père, celle de la mère n'est pas en reste. Elle pourrait même dicter, de par la difficulté de s'en émanciper, le besoin d'une figure de père pour, comme c'est le cas de la solution moderne du refoulement œdipien, signer définitivement l'exil du symbolique. En effet, comme nous l'avons vu dans le rapport entre Jocaste et Œdipe, la fétichisation par la mère de son enfant semble être le pendant maternel de l'infanticide paternel.

Dans les deux cas, ni Jocaste ni Laïos ne donnent vie au sujet en Œdipe, raison pour laquelle il devra renaître par lui-même. L'analyse des dynamiques transgénérationnelles nous préserve également des idéalisations nietzschéennes ou pseudo religieuses, pour retourner à l'homme lui-même, aux prises avec ses propres aliénations et son désir d'advenir en tant que sujet. Sans figures parentales idéalisées, auxquelles raccrocher pour les uns leurs velléités morbides, pour les autres leurs aspirations religieuses, pour Jacqueline Rousseau-Dujardin le rapport au matriciel féminin se fait actualité. « C'est cela que « le père » évitait, en ses différentes représentations, lesquelles, même ramenées à l'essentiel (ou au minimum) ne suffisent plus. On dirait que le bâtiment sur lequel il voguait fait eau de toutes parts et que, par les brèches, l'angoisse du réel se précipite. Ne vaut-il pas mieux alors d'apprendre à nager tout en ayant retenu qu'il s'agit d'un élément où nous ne pouvons demeurer sans aménagement ?»[217] Se passer d'illusions et naviguer de son propre chef, par tous les temps, n'est pas chose facile. « Dieu est mort, Marx est mort et moi-même, je ne me sens pas très bien » reconnaît Woody Allen.

Cette dimension, où se rencontre le féminin et les origines, fait défaut à la pensée moderne. Le vide d'une telle psyché

---

[217] Jacqueline Rousseau-Dujardin (1995), « Distribution des rôles », dans *Le Bloc-Notes de la psychanalyse,* no 13, Le père, Georg, Paris-Genève, p. 39.

invite au saut de l'ange pour une prouesse inédite, métaphysique et pseudo-religieuse. Délestons-nous de toutes explications, franchissons les interdits du *cogito* pour laisser émerger le sujet au cœur du cortège des artistes, des poètes et de tous ceux qui parlent la langue symbolique. Nous lui accordons notre oreille pour comprendre Sophocle et son œuvre et faire d'une pseudo-tragédie le modèle d'une catharsis thérapeutique. À y regarder de près, ce gouffre inhospitalier pourrait bien être, vu par le petit trou de la lorgnette, le chemin emprunté jadis par Adam et Eve lorsqu'ils furent chassés du paradis-symbolique, coupables d'avoir goûté au fruit défendu. Tentant ou angoissant, paradisiaque ou infernal, cette faille dans la psyché moderne n'est qu'une histoire parmi d'autres qui demande à être intégrée. Même si en l'occurrence, nous nous adressons à celle de nos origines, si savamment éludée par la nouvelle conscience prétendument civilisatrice.

Réponse aux impasses d'un Œdipe désigné intrapsychique comme au besoin d'analyser la dette transgénérationnelle, ma lecture de la symbolique du mythe offre une perspective d'intégration. L'analyse transgénérationnelle du mythe d'Œdipe nous renvoie aux parents d'Œdipe et vers l'originaire.

En définitive, s'il est aisé de reconnaître l'existence des pulsions œdipiennes[218], leurs véritables significations restent hors de portée du domaine couvert par l'analyse freudienne. Se cantonner aux désirs manifestés d'inceste et de parricide empêche de percevoir, derrière les apparences, les échos d'un vécu ancien, non intégré, que je qualifie d'originaire. C'est bien pourtant ce à quoi le mythe d'Œdipe nous confronte.

---

[218] Par exemple dans *Femme et mythe* (1987, pp. 27-28), Georges Devereux analyse le rêve incestueux d'un de ses clients.

Intégrer le vécu

Se défendre de la peste, c'est-à-dire l'objectiver en dehors de soi, comme étrangère à son propre monde, ou la rencontrer comme phénomène faisant intégralement partie de son expérience de vie, les deux options sont possibles. L'Œdipe de Sophocle est philosophe dans le sens spirituel du terme. Sans chercher à en refuser l'expérience, il traverse le monde-symptôme comme s'il épousait son destin. Au contraire, l'évitement consisterait à expliquer la peste sans s'impliquer, à se maintenir hors du monde et de son expérience, se le représenter et dire qu'il s'agit d'un virus étranger, d'une tare héréditaire. Cette option moderne et positiviste divise la psyché, consomme le divorce d'avec le sujet en soi.

En acceptant de se confronter à la peste, Œdipe sortira de cet exil symbolique longtemps partagé avec les Thébains. En ce sens, accepter le réel, c'est aussi rencontrer ses origines, les histoires non encore écrites qui se répètent inlassablement. C'est aussi pénétrer en zone inconnue, fouler l'herbe nouvelle et rencontrer le monde comme son propre monde. S'y retrouver de plain-pied engage à l'aventure avec son lot de découvertes.

Se contenter d'expliquer le symptôme revient à coller un discours rationalisant sur le phénomène et camper une position stérile. Universelle, généralisable, bref impersonnelle, une telle explication fige un rapport au monde amputé de sa dimension symbolique, fin d'un rapport d'intelligence au monde. L'interprétation œdipienne moderne fonctionne de cette manière, comme vérité universelle, synonyme d'une psyché en exil du domaine symbolique et de l'oubli du sujet en soi. Elle prétérite l'échange fertile, lequel sera remplacé par une croyance explicative qui élude tous questionnements. Au-delà de ce type d'interprétation, c'est tout le registre de la métaphysique qui est ici remis en cause.

Traverser plutôt que sublimer ou croire

Refouler ce rapport aux origines n'empêchera pas les manifestations de ce manque de se produire. Un profond appel jettera le voyageur sur la route de Thèbes, mènera les amants dans un jeu de miroir infini, originaire. Face à ces compulsions, Monique Schneider nous renvoie à la pensée de Ferenczi pour qui l'effort de répétition n'est pas une simple reproduction, mais « une réintégration de ce qui s'est trouvé abandonné. Le terme retrouverait ainsi son sens étymologique : chercher à atteindre à nouveau ; sens également solidaire du terme allemand de *Wiederholung* : renouvellement d'une quête, opération consistant à partir de nouveau à la recherche. C'est ainsi que Ferenczi mettra l'accent sur ce qui, dans la répétition, a trait à la réélaboration, et non à la seule contrainte reproductive. Le retour du traumatisme, dans le rêve ou dans la séance, aurait ainsi une visée d'achèvement, d'accomplissement. »[219]

Par-delà les sommets déjà gravis, apprendre à se connaître et à connaître le monde relèverait d'une même démarche philosophique. Voie royale, le rêve offre également de retrouver des sentiers oubliés. Revenir sur ces demi-tours et tenter de boucler la boucle, c'est-à-dire d'accéder à une symbolisation opérante, voilà ce qui motive les répétitions selon Ferenczi. « L'état d'inconscience, c'est-à-dire l'état de sommeil, favorise non seulement la domination du principe de plaisir (la fonction d'accomplissement de désir dans le rêve), mais aussi le retour d'impressions pénibles, non résolues, qui aspirent à la résolution (fonction traumatolytique du rêve). En d'autres termes, la tendance à la répétition du traumatisme est plus grande pendant le sommeil qu'à l'état de veille ; au cours du sommeil profond, la perspective d'un retour des impressions sensibles

---

[219] Monique Schneider (1985), « Temporalité, inconscient et répétition », dans *Mythes et représentations du temps*, Edition du CNRS, Paris, p. 27.

non résolues, profondément enfouies, très véhémentes, donc accompagnées autrefois d'une profonde inconscience, est plus probable. Si l'on parvient à établir le lien entre cette passivité totale et le sentiment d'être capable de vivre le traumatisme jusqu'au bout, (ce qui souvent ne se produit qu'après d'innombrables échecs et d'abord de façon partielle seulement), alors une nouvelle sorte de résolution, plus avantageuse, voire aussi durable, du traumatisme peut se produire. »[220]

Il s'agirait donc de « vivre le traumatisme jusqu'au bout » pour ensuite réécrire l'histoire non intégrée. Ferenczi partage l'idée d'une symbolisation, ou intégration, qui soit en même temps une traversée. Une voie, comme celle tracée par Sophocle, que chacun peut suivre, alternative aux explications et autres croyances qui tiennent à distance la rencontre du monde et de soi-même en tant que sujet. Monique Schneider se penche sur la question : « Qu'entendre par l'expression "répéter et vivre l'événement jusqu'au bout" ? Il est certain que Ferenczi indique ici une finalité, un programme de recherches, plus que l'analyse du processus lui-même d'accomplissement différé. [...] La répétition prendrait ainsi le sens qui lui est conféré dans le langage du théâtre : répéter inlassablement en vue d'une "grande première". Le vecteur temporel se retrouve ainsi inversé, puisque le but de ce qui se présente comme un apparent piétinement serait de faire advenir l'origine. L'analyste se ferait donc accompagnateur ou accoucheur de vies lancées à la poursuite de leur propre commencement, à la poursuite des conditions de possibilité d'un commencement souvent éprouvé comme purement contingent ou comme le fruit d'un oubli ou d'une erreur. Sans cette mise en place d'un commencement éprouvé comme stable, comme répondant à une sorte de nécessité, le vécu s'éprouve comme vécu-fantôme hantant un pseudo-présent : présent en exil, en attente ou en

---

[220] Sandor Ferenczi, *Psychanalyse 4, Œuvres complètes, tome IV 1927-1933*, trad. Le Coq Héron, Paris, Payot, 1982, p. 146.

souffrance. C'est à cette dimension à la fois "u-topique" et fondatrice de la temporalité que s'attachera Nicolas Abraham. »[221] Traverser ce temps non encore passé, c'est en effet ce que propose Nicolas Abraham. « Il était une fois, il n'était nulle fois, peut-être n'était-il pas..., oui, l'événement inaugural, l'u-topique, l'u-chronique, a bien eu lieu. Qui le sait ? Le physicien ? Non ! Le biologiste ? Non ! L'historien ? L'archéologue ? Le paléographe ? (...) N'y pensons pas ! (...) Les psychanalystes enfin ? Rassurons-nous : eux non plus ne le savent, eux non plus ne défient l'anathème. Ne préfèrent-ils pas jouer au médecin ou au sociologue, à l'éducateur ou au zoologiste, quand ce n'est pas simplement au magicien ? Eux seuls pourtant le pourraient... car eux, les psychanalystes, disposent de l'instrument, ils possèdent eux seuls la machine à rebrousser le temps... d'avant le temps. Ne sont-ils pas, hors temps et hors lieu, témoins, jour après jour, de nouvelles "premières fois" ? »[222]

Pour Monique Schneider « Nicolas Abraham se situe à la fois dans une position de continuité et de rupture par rapport à l'appréhension freudienne de la temporalité. Le mythe archéologique n'est pas récusé, mais simplement rendu à son statut de mythe : ce n'est pas en exhumant dans sa pureté un hypothétique passé, mais en donnant forme à ce qui se maintient dans les limbes, que l'originaire « première fois » peut advenir au terme d'un travail. »[223]

Ce changement de perspective se rapporte aux limites d'une pensée positiviste, historicisante, matérialiste, toujours

---

[221] Monique Schneider (1985), « Temporalité, inconscient et répétition », dans *Mythes et représentations du temps*, Edition du CNRS, Paris, p. 28.
[222] Nicolas Abraham et Maria Torok (1987), *L'Écorce et le noyau*, Flammarion, Paris, p. 336.
[223] Monique Schneider (1985), « Temporalité, inconscient et répétition », dans *Mythes et représentations du temps*, Edition du CNRS, Paris, p. 28.

morte en tant que symbole. Rencontrer Sophocle et son œuvre, c'est apprécier la pleine mesure du symbole et jouir de sa fonction fertile. Le poète nous entraîne au bord du monde de la raison positiviste, devant le panorama d'une symbolique qui se joue du temps. Là, il réécrit sa préhistoire en accord avec le fond de son âme, où loge le sujet en lui. Ainsi Schopenhauer écrit-il à Gœthe : « C'est le courage d'aller jusqu'au bout des problèmes qui fait le philosophe. Il doit être comme l'Œdipe de Sophocle qui, cherchant à élucider son terrible destin, poursuit infatigablement sa quête, même lorsqu'il devine que la réponse ne lui réserve qu'horreur et épouvante. Mais la plupart d'entre nous portent en leur cœur une Jocaste suppliant Œdipe pour l'amour des dieux de ne pas s'enquérir plus avant ; et nous lui cédons, c'est pour cela que la philosophie en est encore où elle en est. »[224]

Au lieu de pénétrer la sagesse du mythe et sa symbolique, prenant les désirs œdipiens pour ce qu'ils laissent paraître, l'analyse de Freud s'aligne sur le nouveau modèle culturel. Le père de la psychanalyse reste interdit sur le seuil d'une aventure transgressive à laquelle le mythe invite. Ulysse pourtant ne s'était pas laissé arrêter par l'adversité et adviendra comme sujet au terme de son périple. Pourquoi cette traversée jusqu'à Colone que Sophocle propose a-t-elle échappé à la psychanalyse ? Comprendre la nature des forces qui la retienne, c'est comprendre les limites de la conscience moderne.

Essentiel, le besoin inassouvi d'intégrer ses origines bute sur l'interdit de la traversée œdipienne. Même noyé dans les profondeurs de l'âme, des bulles remontent à la surface, parfois même le poisson s'improvisera des ailes pour « chevaucher la vague ». Avec la lecture qu'en propose Freud, expliqué et modelé à l'image d'une culture moderne, le complexe d'Œdipe

---

[224] Cité par Sandor Ferenczi dans *Œuvres complètes,* tome I, Payot, Paris, 1986, p. 215.

se transmet de générations en générations. Son refoulement offre une solution boiteuse qui s'appuie sur un supposé principe de réalité comme sur une béquille qu'il faut aussi prendre dans son lit. Les croyances se cristallisent en semblants de réalités qui verrouillent d'un tour de clef supplémentaire l'accès à la source. Incrédule, Éros regarde les hommes légiférer l'amour et marchander son produit-miracle. Refoulé, dénié ou transmis aux prochaines générations, le conflit œdipien s'agite dans les eaux profondes de la psyché. À la surface, de guerre lasse, la tentation d'une division de la psyché semble offrir d'en finir avec les conflits œdipiens - auxquels il faudrait préférer une normalisation et rentrer dans le rang, s'y confondre.

Derrière l'influence du discours moderne, quels sont les fondements philosophiques qui dictent à Freud son observation du monde ? Le père de la psychanalyse ne perçoit pas que ses références scientifiques sont positivistes, qu'elles reposent elles-mêmes sur une nécessité transférentielle non analysée, provenant des lacunes de son rapport aux origines. Religieuses, économiques ou médicales, ces nécessités transférentielles partagent toutes une même fonction sensée pallier un manque d'advenir sujet. Espérer dégager des règles universelles et généralisables, comme Freud le tente avec Œdipe, révèle un besoin d'idéal plus qu'une véritable compréhension du mythe. En reposant sur un même refoulement des origines, son approche reste métaphysique[225], structurellement identique à celle des pseudo religions.

Alternative à cette métaphysique, la phénoménologie offre le recul indispensable à l'appréhension des fondements sur lesquels repose implicitement la psychanalyse. À défaut d'une approche plus appropriée, phénoménologique, le projet psychanalytique tombe dans les mains d'une orthodoxie

---

[225] Sur ce point, voir Martin Heidegger, « Identité et différence », *Question I,* Gallimard, 1968, Paris.

dogmatique, qualité qui précipitera toutes ses réductions et institutions. C'est d'ailleurs bien là que le bât blesse, et ceci dès les débuts de l'organisation du mouvement psychanalytique. Jung se souvient du souhait de Freud : « Mon cher Jung, promettez-moi de ne jamais abandonner la théorie sexuelle. C'est le plus essentiel ! Voyez-vous, nous devons en faire un dogme, un bastion inébranlable ». Il me disait cela plein de passion et sur le ton d'un père disant : « Promets-moi une chose, mon cher fils : va tous les dimanches à l'église ! ». [...] Ce qui m'alarma d'abord, c'était le « bastion » et le « dogme », un dogme, c'est-à-dire une profession de foi indiscutable, on ne l'impose que là où l'on veut une fois pour toutes écraser un doute. »[226] Au lieu de s'indigner, Jung n'aurait-il pas plutôt dû tendre une oreille analytique et entendre ce que cache un tel discours d'évangile ? L'injonction à la fidélité évoque bien plus la manifestation d'une aliénation transgénérationnelle inconsciente qu'une simple certitude portant sur les théories sexuelles. Freud n'assume pas sa demande d'analyse transgéné-rationnelle envers Jung et ce dernier n'est pas préparé à entendre de quoi il en retourne. Bien sûr, les supposées positions de père et de fils se sont inversées, les transferts inconscients n'en ont cure. Bel exemple des impasses dans les lesquelles les relations les plus prometteuses se seront retrou-vées et qu'une analyse transgénérationnelle permettrait aujourd'hui de dépasser, ramenant chacun à soi-même.

Fils sacrifié sur l'autel de la modernité, Jung se retrouve esseulé et traverse une profonde crise. Il découvre néanmoins l'importance de ses propres héritages transgénérationnels. « Tandis que je travaillais à mon arbre généalogique, j'ai compris l'étrange communauté de destin qui me rattache à mes ancêtres. J'ai très fortement le sentiment d'être sous l'influence de choses et de problèmes qui furent laissés incomplets et sans

---

[226] Carl Gustave Jung, (1966), *Ma vie, souvenirs, rêves et pensées*, Gallimard, Paris, p. 177.

réponse par mes parents, mes grands-parents et mes autres ancêtres. J'ai toujours pensé que, moi aussi, j'avais à répondre à des questions que le destin avait déjà posées à mes ancêtres, mais auxquelles on n'avait encore trouvé aucune réponse, ou bien que je devais terminer ou simplement poursuivre des problèmes que les époques antérieures laissèrent en suspens. »[227] À bien des égards il semblerait en effet que la découverte de ses propres héritages transgénérationnels soit une étape cruciale pour aller au bout d'une cure analytique, pour éviter de simplement reprendre à son compte les dogmes de son maître ou psychanalyste. Celles et ceux dont l'analyse se prolonge indéfiniment, ou qui l'auront laissée inachevée, devraient en prendre de la graine.

Revenir vers soi, cesser de transférer ses aliénations inconscientes en autant de conflits dogmatiques, politiques, c'est aussi à quoi renvoie la perspective phénoménologique. Avec les poètes et les philosophes, la phénoménologie puise à la même source ; la symbolique vivante de la psyché. Elle ne s'embarrasse pas de promouvoir une croyance aux dépens d'une autre, celle parentale sur celle enfantine. Elle place l'accent sur l'intégration du vécu, ici et maintenant et appréhende les croyances et tous autres comme autant d'événements à intégrer. En d'autres termes, il s'agit de rencontrer l'être de soi et du monde, dans l'instant présent et de se rapporter à la connaissance du sujet en soi. Pour désigner ce lieu à partir duquel pense le sujet, la phénoménologie parle de l' « ipsé ». La réalité qui lui est associée ne se limite pas à de simples représentations du monde qui empêchent de le rencontrer, ou de le ressentir et par conséquent, sans espoir de l'intégrer. Par extension, la dimension de l'*ipsé* désigne le lieu où opèrent les désaliénations transgénérationnelles, où la connaissance de soi s'entend

---

[227] Carl Jung (1966), *Ma vie, souvenirs, rêves et pensées*, Gallimard, Paris, p.283.

comme une expérience immédiate et potentiellement fertile de son vécu.

Relire et réécrire

Pas de hasard, la symbolique des dynamiques transgénérationnelles fut décryptée par des penseurs rompus à l'approche phénoménologique. Nicolas Abraham[228] et Maria Torok auront, comme Ludwig Binswanger, articulé la discipline phénoménologique à celle de la clinique psychanalytique. Réponse aux défiances de Freud envers la philosophie, c'est l'expérience thérapeutique elle-même qui nous oriente vers nos origines. L'affranchissement de nos aliénations commence avec la reconnaissance du sujet en soi dont les compétences restent atrophiées aussi longtemps que l'héritage moderne et sur-moïque le refoule. Ouverte sur la dimension symbolique du sujet, l'approche phénoménologique nous propose d'y retourner.

Comprendre l'œuvre de Sophocle sur Œdipe suppose également une certaine traversée, le temps du spectacle qu'il offre à nos regards, sans baisser la grille d'une lecture donnée par avance ni relever le pont-levis qui mène au cœur de la forteresse. Relire et réécrire l'Œdipe, c'est donc le rencontrer dans son ipséité, l'entendre dans sa symbolique. Contact précieux, par exemple dans l'inédit d'une parole, enfin reconnue, entendue, comme pour tendre la main au sujet. De même que la rencontre avec la peste offre à Œdipe d'intégrer ses origines, rencontrer le monde c'est toucher aux origines et non pas se nourrir d'un discours fait de croyances, de refoulements et de dénis. Nous découvrons alors l'effort spirituel du sujet renouvelant son rapport aux origines, répondant à des lois non écrites de la vie.

---

[228] Nicolas Abraham (1999), Rythmes ; de la philosophie, de la psychanalyse, de la poésie, Aubier, Paris.

À l'opposé d'une attitude qui réduirait le sujet à son complexe d'Œdipe, c'est-à-dire à son héritage moderne, plaçons plutôt l'accent sur le sujet lui-même. Sur sa façon personnelle de manifester ses aliénations dans leur ipséité, d'être, comme Sophocle, auteur de son Œdipe, au sein même de ses aliénations, ou autrement dit, en dépit de ces dernières. En effet, ce pôle actif du sujet se reconnaît dans ses tentatives de réécriture d'un passé qui réclame d'entrer dans l'histoire.

Comme Sophocle réécrit l'histoire d'Œdipe, c'est en partant du travail du sujet que les aliénations transgénérationnelles sont traversées et intégrées. Loin de le réduire à son passé, c'est d'abord avec le sujet se créant, ici et maintenant, qu'une approche phénoménologique favorise une réécriture de son histoire. Ce changement de paradigme - qui aurait pu offrir à la psychanalyse sa troisième topique - situe l'intégration là où l'histoire est elle-même vivace. Prêtons l'oreille au poète (Sophocle) en chacun de nous et non pas au discours convenu, lequel ferait disparaître le sujet en soi avec le refoulement de l'Œdipe. Autrement dit, il conviendrait de passer d'une priorité généralement accordée à Œdipe aliéné à la valorisation du sujet en Œdipe. Ici, la fonction fertile de l'intégration, son opérativité, prend le pas sur les facteurs « exogènes » qui pourraient réduire l'analyse transgénérationnelle à une recherche de causes simplement explicatrices. Aucune vérité historique, aussi établie soit-elle, ne saurait remplacer pour le sujet une intégration personnelle de sa propre histoire. S'ouvrir à la dimension symbolique, au matériel inconscient, pré-œdipien et transgénérationnel, à ses origines, c'est éprouver l'opérativité de ses symbolisations, les confronter à sa propre vérité. C'est donc en travaillant à une plus grande opérativité symbolique que l'histoire non intégrée, personnelle, familiale, voir culturelle, perd de son emprise sur la psyché. Avec le développement du sujet, les eaux décantent, les spectres et autres hantises s'éloignent.

Ludwig Binswanger pensait qu'il manquait à la psychanalyse un abord non métaphysique du rapport aux origines. Car il faudrait plutôt partir de la dimension de l'ipsé, phénoménologique, comme principe premier, et ainsi combler la division névrotique de la psyché moderne. « Cet ipsé est-il objectivé, isolé et théorisé en un moi ou en un ça, en un moi et un surmoi, il est alors expulsé de son domaine existentiel intrinsèque, l'existence, et ontologico-anthropologiquement étranglé. [...] Freud passe à côté du problème de l'ipsé comme à côté de quelque chose qui va de soi. C'est précisément là que vous voyez qu'il y a deux voies à pratiquer la psychologie : l'une nous éloigne de nous-mêmes vers la fixation théorique, c'est-à-dire vers la perception, l'observation, l'étude et la destruction de l'homme réel aux fins de la construction d'une image de lui-même [...], l'autre conduit « en nous-même », de façon anthropologique, c'est-à-dire selon les conditions et les possibilités de l'être-présent *comme à chaque fois nôtre*, ou, ce qui revient au même, selon les modes et les manières possibles de notre exister. Ce chemin « en nous-même » signifie ici, en premier lieu, à chaque fois l'ipse de l'existence propre du chercheur, ce sur quoi il se tient en son fond le plus propre et intrinsèque, l'être-présent qu'il a soi-même pris sur soi en tant que créateur. » [229] Cette dimension de l'ipsé, comme « possibilité de l'être-homme en général, d'être *autochrate*, en d'autres termes, en *puissance de soi-même* »[230] nous ouvre à cette autre temporalité et à la dimension symbolique que nous avons analysée dans l'œuvre de Sophocle.

Prêtant l'oreille à la part non aliénée de soi, Nicolas Abraham et Maria Torok élaborèrent la fonction d'introjection comme création de soi. Sans être dupe des travers d'une culture acquise au discours métaphysique, Nicolas Abraham explique

---

[229] Ludwig Binswanger (1970), *Analyse existentielle et psychanalyse freudienne*, Gallimard, Paris, pp. 227-228.
[230] Ludwig Binswanger, *ibidem*, p. 228.

que le discours œdipien s'adresse à des parents dont l'enfant sait d'avance ce qu'ils désirent entendre ou pas. « Prendre à la lettre son discours ne reviendrait-il pas à entériner l'ordre social et moral où s'inscrit l'expression de son fallacieux souhait et à le condamner lui-même à subir inexorablement la sanction de son propre verdict ? [...] Une telle affirmation relève précisément de la pseudologie de l'enfant, rendant un dernier hommage à sa mère avant de la quitter. »[231] Reflet d'un transfert parental inconscient, la parole de l'enfant a certes aussi pour fonction d'interroger ces adultes en leurs retournant les questions laissées pour compte pour les amener à intégrer leurs propres rapports de filiation.

La relecture transgénérationnelle du mythe l'aura montré, les pulsions œdipiennes ne sauraient se réduire à ce qu'elles prétendent dire. L'Œdipe ressemble plutôt à la pointe visible d'un iceberg dont l'histoire n'appartient qu'à celles et ceux qui la réécrivent. Les développements freudiens s'inscriraient comme une première verbalisation de la problématique et non pas comme son aboutissement. Ouvrant sur cet ailleurs symbolique, les analyses de Freud reprennent les limites de la culture moderne. De Freud à Sophocle, nous franchissons ces limites pour découvrir de nouvelles perspectives et esquisser une réécriture de l'héritage freudien. En particulier, il s'agit de reprendre la division entre culture et nature, là où le refoulement du complexe d'Œdipe offrirait d'entrer dans la cour des grands. Une idéologie dommageable, qui voudrait faire croire que devenir adulte suppose de sacrifier son intelligence à l'aliénation collective.

---

[231] Nicolas Abraham et Maria Torok (1987), *L'Écorce et le noyau*, Flammarion, Paris, pp. 223-225.

Conclusion

Les interprétations modernes sont passées à côté du sujet traité prioritairement par Sophocle : la guérison d'Œdipe de ses aliénations transgénérationnelles. Insensibles à son logos, à l'opérativité de sa symbolique, l'œuvre était donnée pour « morte en tant que symbole » selon les termes de Nicolas Abraham, comme l'expression d'un complexe inconscient et non pas comme l'œuvre d'un génial tragédien en pleine possession de ses moyens. Nous l'avons vu, ses pièces véhiculent un précieux enseignement sur le fonctionnement des principes transgénérationnels et ne méritent pas d'être réduites aux limites d'une conscience moderne qui a oublié l'importance des liens entre les générations.

Il suffisait pourtant de suivre Sophocle jusqu'à Colone pour découvrir ces lois transgénérationnelles qu'il porte à notre attention. Placer l'accent sur le sujet en soi (réécrivant l'histoire) valorise la source de la psyché, celle qui permet de réécrire sa préhistoire et d'intégrer son rapport aux origines. Ce retour vers soi-même est à la fois une intégration de son vécu et une création de soi, fruit d'une conscience élargie. En Œdipe nous reconnaissons ce sujet fort d'avoir découvert le secret de sa naissance, qui peut enfin intégrer ses origines et finalement transmettre un héritage fertile. Avec sa version du mythe d'Œdipe, Sophocle transcende l'ensemble des aliénations transgénérationnelles, y compris celles qu'engendre le passage à la nouvelle civilisation dite moderne.

Reprendre cette distinction entre une culture productrice et généreuse et celle qui en thésaurise les fruits me permettra de résumer et de conclure mon analyse. Face au risque de confondre morale et lois non écrites, économie et production, consommation et jouissance, ignorance et inconscience, revenir sur la fertilité symbolique de la psyché répond à cette profonde aspiration d'advenir en tant que sujet. Reconnaître à la racine de notre être ce désir du sujet en soi donne sa juste place à l'auteur en chacun, à cette part renouvelant et réécrivant le passé, le présent et le futur.

Une telle fonction de sujet, productrice d'humanité, répond à la question que pose Lévi-Strauss : naissons-nous d'un (de la Terre-Mère ou du Père-Ciel), ou de deux sexes ? Comme Sophocle le propose, la seule chose qui compte, et qui tranche la question, c'est la naissance du sujet en soi et son accès à la connaissance de soi, des autres, et du monde. Or c'est la fonction édificatrice parentale qui donne naissance au sujet. Une fonction qui suppose de la part des parents d'avoir eux-mêmes intégré leurs héritages transgénérationnels de telle sorte qu'ils ne soient pas de simples relais qui les transmettraient à leurs enfants. L'enfant est ainsi le fruit d'une intégration de la différence sexuelle, c'est-à-dire d'un savoir-faire opérant hétérosexuel au-delà des conflits qui, originairement, opposent le régime matriarcal à celui patriarcal. Pour l'un comme pour l'autre des sexes il importe d'intégrer sa propre réalité. Le verbe parental peut alors opérer dans une dimension proprement édificatrice.

Une telle réponse respecte le rapport qu'entretient la psyché avec les lois non écrites du vivant. L'illusion d'être né de ses seuls géniteurs (comme Œdipe qui se croit fils de Polybe et Mérope) est elle-même symptomatique et ne saurait épargner à chacun le travail d'advenir soi-même. Comme l'histoire d'Œdipe le montre, le processus de renaissance passe par une confrontation à l'imperfection parentale et aux aliénations transgénérationnelles, d'abord concentrées dans cette épidémie de peste au début d'*Œdipe-roi*.

Si les non-dits diabolisent l'héritage d'Œdipe, au contraire, la mère de Thésée instruit son fils de ses origines. Comme nous le raconte Thomas Stern, elle le conduit vers le rocher sous lequel il trouve les objets laissés par son père : « Jusqu'à seize ans, Thésée ne connaîtra qu'un seul père : Poséidon dont il est au dire de tous, le fils et le protégé, à l'image de la ville de Trézène, elle aussi consacrée à l'ébranleur de terre et dont la monnaie est frappée d'un trident. Mais Aethra juge que l'heure est venue de révéler à l'adolescent l'existence de son père en chair et en os. Elle accompagne Thésée à la pierre sous laquelle sont ensevelies les sandales et l'épée d'Égée. Le rocher est énorme, pourtant le jeune héros le soulève sans peine et il accède au secret de sa naissance. »[232] En temps voulu, cette transmission permettra à Thésée[233] de se faire reconnaître de son père, ce qui le préservera d'un destin tragique. Cette transmission symbolique fonctionne à l'opposé de l'héritage qui précipite le parinceste d'Œdipe.

Le destin d'Œdipe illustre les conséquences d'une aliénation amplifiée sur plusieurs générations, proportionnelles à la dette de ses aïeux envers les lois non écrites. Déjà présent chez ses géniteurs, ce déficit s'observe dans la tentative d'infanticide de Laïos et avec Jocaste qui accouche de son propre fantôme (Penthée) à défaut de pouvoir reconnaître le nouveau-né pour lui-même, en tant que sujet. Personne ne s'étonnera que pour s'acquitter d'une telle dette Œdipe doit renaître, retrouver la matrice originelle après avoir préalablement retourné au père son intention meurtrière. Pris dans la tourmente des aliénations

---

[232] Thomas Stern (1981), *Thésée ou la puissance du spectre*, Seghers, Paris, p. 47.
[233] Une analyse de la rencontre entre Œdipe et Thésée est développée dans *La renaissance, d'Œdipe*, (2012, Écodition).

qu'ils auront transmises à leur fils, les parents d'Œdipe payent le prix fort.

Au sein même de la tragédie, derrière la fonction fétiche qui lui avait été attribuée, la part authentique d'Œdipe rattrape le temps perdu pour réécrire son histoire. À Colone, une autre parole sortira de sa bouche. Œdipe finira par parler sa propre langue, pour, contrairement à Antigone et à Créon, faire la part de soi et de ses aliénations. Sophocle offre à Œdipe, élu garant de la prospérité de Colone, d'incarner à nouveau la symbolique fertile de Cadmos. En traversant ses origines, Œdipe a pu renaître comme sujet dans la dimension symbolique. De cette manière, il renoue avec les qualités édificatrices de son trisaïeul, longtemps divisées dans l'opposition des filiations autochtones et patriarcales.

Le terrain préparé par la multiplication des analyses transgénérationnelles et l'oreille ouverte sur ces héritages, la symbolique de l'œuvre de Sophocle aura parlé d'elle-même. Le parallèle entre l'itinéraire d'Œdipe et les désaliénations transgénérationnelles confirme le rôle joué par le sujet en soi. Si le mythe d'Œdipe illustre le cumul des aliénations transgénérationnelles, il nous démontre que leurs traversées mènent à cette renaissance que le héros incarne à la fin de son existence. Vu sous cet angle, l'intelligence de Sophocle est enfin reconnue.

Les anciennes traditions connaissaient les lois transgénérationnelles et accordaient au sujet en soi la place qui lui revient. Non sans liens avec l'histoire d'Œdipe, un rituel du passage de l'enfance à l'âge adulte était largement répandu : les garçons devaient mourir à l'enfance et renaître adulte en accomplissant un retour symbolique dans le ventre maternel, et ceci en pénétrant dans des grottes par d'étroits couloirs d'accès. Ils devaient ainsi dépasser les peurs infantiles et accéder à la communauté des adultes. Ils étaient initiés à la signification de certains symboles, statuettes et autres représentations telle que des peintures que l'on trouve aujourd'hui encore dans certaines grottes. Cette initiation permettait de quitter le monde de l'enfance pour une nouvelle identité, une sorte de renaissance. Mircea Eliade[234] rappelle que, dans tous les grands mythes de l'Orient, réussir les épreuves d'une descente dans les profondeurs de la Terre-Mère, vers la source de la vie, garantissait l'accès à une vie nouvelle, immortelle. Pour Joseph Campbell[235], le culte de Déméter à Éleusis était associé aux « cycles de la mort, de la descente aux enfers et de la résurrection ». Cette notion était symbolisée par le cycle agraire, la mort par les moissons, les semailles et la pousse des plantes.

L'itinéraire d'Œdipe

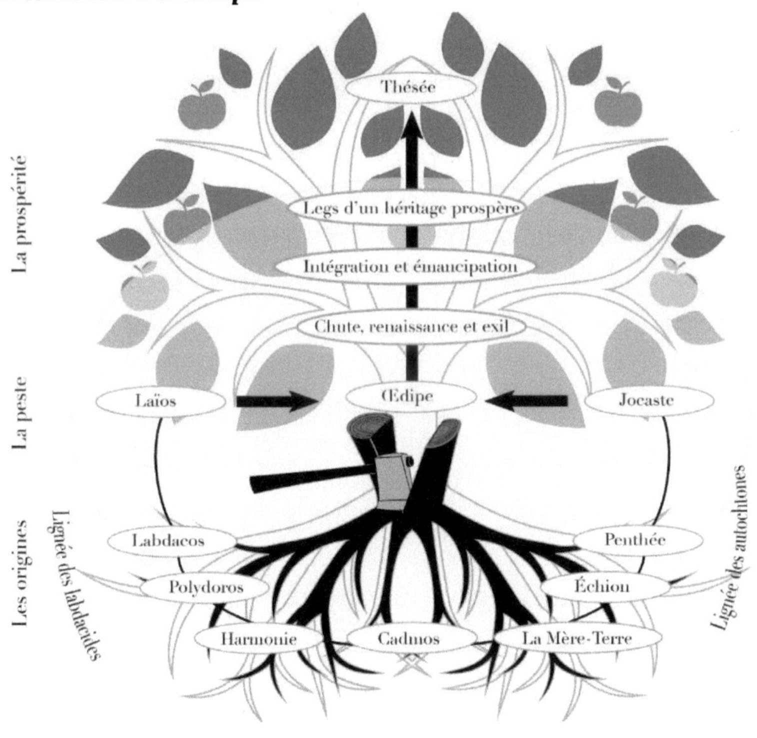

---

234 Mircea Eliade (1959), *Naissances mystiques*, Gallimard, Paris.
235 Joseph Campbell (1993), *Les mythes à travers les âges*, Éditions Le Jour, Québec, p. 201.

Didier Anzieu souligne l'importance des mythes dans cette fonction qu'elle possède d'inspirer la psyché à recomposer ses histoires. « L'étude des mythes comme celle des rêves ou des symptômes nous introduit au cœur des rapports entre le ressenti et le formulé. Le jeune enfant est bouleversé par des émotions et par des représentations imaginaires dont il ne comprend pas le sens et que l'homme retrouve tout au long de son existence comme noyau de sa vie psychique et de ses relations aux autres et au monde. »[236] Annick de Souzenelle le reconnaît également lorsqu'elle soutient que « le mythe (du grec *muthos* : fable) rend compte d'une réalité supérieure intransmissible à notre mental banal sans truchement ». Pour cet auteur, « les rituels initiatiques de tous les temps et de tous les lieux ne sont qu'une « symbolothérapie » au sens vrai du mot « thérapie » : « qui remet en harmonie », discipline confiée autrefois aux seuls prêtres et initiés ».[237] À la suite de l'étude de Rand *Sur le mythe de la naissance du héros*, Binswanger notait que « Freud est pénétré de la nécessité et de l'utilité d'une plus ample exploration psychanalytique des mythes. »[238]

Particulièrement attentif au thème de la différence sexuelle, Georges Devereux s'en référait également à la mythologie : « Mon livre analyse une série de mythes grecs ayant trait à des déesses et à des héroïnes souvent masculinisées et à des dieux qui sont féminisés par leurs accouchements. [...] Une analyse serrée des textes démontrera que l'infrastructure cachée de ces mythes réaffirme l'immutabilité de l'appartenance à l'un des deux sexes. Tirésias se retransforme en homme ; le cadavre de Kaineus est celui de Kainis : de la femme qu'il fut avant d'être transformé en homme - ou en l'image

---

[236] Didier Anzieu (1980), « Œdipe avant le complexe », dans *Psychanalyse et culture grecque*, Les Belles Lettres, Paris, p. 50.
[237] Annick de Souzenelle (1991), *Le symbolisme du corps humain*, Albin Michel, Paris, p. 27.
[238] Ludwig Binswanger (1970), *Analyse existentielle et psychanalyse freudienne*, Gallimard, Paris, p. 274.

qu'une fille violée se fait de l'homme. [...] On est loin encore d'apprécier véritablement la force motrice culturelle que représente la coexistence, au sein de l'humanité, de deux sexes bien distincts, chacun est incapable de se passer de l'autre. [...] La valeur égale des hommes et des femmes repose sur le fait que, dans une espèce sexuée, l'homme présuppose la femme, comme la femme présuppose l'homme. »[239]

Entre l'homme et la femme jaillissent les nouvelles générations chargées d'un héritage qu'il leurs faudra intégrer. La mise à jour de la symbolique de l'œuvre de Sophocle nous a permis de comprendre les manifestations œdipiennes comme des aliénations transgénérationnelles qui interdisent la naissance du sujet. Un héritage symptomatique appelant une réécriture de sa préhistoire, rendue à chaque génération plus difficile, jusqu'à motiver les pulsions œdipiennes, éventuellement programmer des passages à l'acte. Miroir du refoulé parental, quand l'Œdipe fait des siennes, l'enfant indique à ses parents leurs propres manques, ceux de la génération précédente voir ceux de toute une culture. À défaut de faire la part entre l'héritage parental et son propre désir, l'enfant se fait le miroir des refoulements de ses parents, jusqu'à les mettre en scène selon ce que j'ai qualifié de « style Nirvâna » dans un précédent ouvrage[240]. Héritier malgré lui, il importe d'autant plus de ne pas réduire l'enfant à son aliénation ni de le poursuivre d'un procès d'intention typiquement moderne. Supposer l'existence d'une graine d'Œdipe en lui ne ferait que renforcer son aliénation, la lui léguer formellement une seconde fois. Au contraire, il conviendrait de rendre à la vie le sujet potentiel, de l'acquitter d'un tel héritage, d'assumer le sens du message infantile et tenter de restaurer la fonction édificatrice qui fait défaut.

---

[239] Georges Devereux (1982), *Femme et mythe*, Flammarion, Paris, p.7
[240] Thierry Gaillard (2012), *L'intégration transgénérationnelle,* Aliénation et connaissance de soi, Écodition, Genève.

Une ultime référence à la mythologie me permettra d'illustrer une dernière fois cette sagesse symbolique que nous lui reconnaissons. René Major[241] se réfère au mythe d'Ahimbi pour aborder la thématique de l'inceste. Le mythe d'Ahimbi des Indiens Jivaros illustre la prise en compte du rôle des parents dans les dérives des enfants. « Dans l'une des versions de ce mythe, Ahimbi est le fils de Mica et de Unushi. C'est après avoir parcouru le monde qu'Ahimbi, revenant au lieu de ses origines, rencontre sa mère Mica perdue dans la forêt et commet l'inceste. Mais le père d'Ahimbi, Unushi, qui est un enfant du Soleil et de la Lune, s'en prend à cette dernière, sa propre mère, qu'il rend responsable. » Dans cette légende, le père n'attribue pas à son fils une intention telle celle de vouloir commettre l'inceste. Il a conscience que sa fonction édificatrice est ici sollicitée. Cette légende prend en compte les manques du père pour le renvoyer à ses propres parents. De même que le mythe d'Œdipe de Sophocle respecte les lois non écrites du transgénérationnel, le mythe d'Ahimbi semble s'y conformer. Il délivre aux parents son message symbolique, celui de reprendre le fil d'un rapport à leurs propres parents. Au lieu d'incriminer l'enfant, et ainsi d'engager le processus du refoulement de l'Œdipe à l'échelle collective, le père se confronte à ses propres lacunes. La sagesse du *mythos* réside dans une certaine connaissance de ce qui se transmet entre les générations. Elle sait que l'inceste du fils réclame du père qu'il advienne à titre de père édificateur, qu'il fasse le nécessaire pour y accéder. Dans la légende indienne, le père qui se tourne vers sa propre mère comprend la logique transgénérationnelle qui sous-tend le destin symptomatique de son fils. L'inceste est compris par le mythe indien comme l'indice d'une lacune chez le père qui doit maintenant y pallier pour assumer sa fonction édificatrice.

Cette fonction édificatrice parentale, dont nous avons reconnu l'importance, évite à l'enfant d'en passer par le père et la

---

[241] René Major (1999), *Au commencement*, Galilée, Paris, pp. 91-92.

mère, comme Œdipe, pour advenir sujet. Sophocle aussi l'a compris. Après l'avoir accompagné dans sa renaissance, il offre à Œdipe d'incarner cette fonction de père symbolique pour Thésée et pour son royaume ; elle est la garantie de la prospérité. Dans le mythe d'Ahimbi, le destin qui frappe l'enfant est assumé par son père. Dans notre culture moderne, de façon plus ou moins consciente, ce malentendu devient prétexte à l'étiquette œdipienne. L'échange entre le sujet potentiel chez l'enfant et le père qui refoule son Œdipe pose problème. Il s'observe comme le transfert du père, soutenu en cela par toute une culture, qui attribue au fils ses propres aliénations, le laissant dans la nécessité à devoir renaître par lui-même, comme Œdipe. Si le fils prend alors la place du père, ce n'est certes pas un désir qu'il en aurait, mais l'obligation dans laquelle il se retrouve de devoir pallier aux manques d'un père - qui n'en est pas un - s'il ne souhaite pas renoncer à son plus profond désir, celui d'advenir sujet.

Reconnaître la symbolique de l'œuvre de Sophocle évite de rompre avec le sujet niché au plus profond de sa psyché, celui dont l'intelligence manque à être reconnue. Comme Antigone, l'enfant parle la langue chtonienne de ses parents, en mots comme en gestes, un discours qui ne justifie pas d'y opposer celui surmoïque l'accusant des pires désirs envers ses parents. Entendre le message que l'enfant adresse à ses parents, ce n'est pas le prendre à la lettre, une attitude qui en dit long sur l'imperfection symbolique des adultes, que l'enfant interpelle nécessairement lorsqu'il cherche à advenir en tant que sujet.

Le prétendu désir d'inceste et de parricide répond et se conforme à l'imperfection parentale, relai des lacunes spécifiques à notre culture. D'une certaine manière, l'interprétation freudienne du mythe d'Œdipe aura permis une première verbalisation de l'aliénation culturelle, un préliminaire à d'autres développements. Mais lorsque l'on évite de projeter sur

Œdipe les nécessités transférentielles modernes, les messages laissés par Sophocle dans son œuvre sortent de l'ombre.

Avec sa version du mythe d'Œdipe, derrière le masque œdipien, au-delà des tabous, Sophocle dévoile l'existence d'un sujet aux prises avec ses aliénations transgénérationnelles. En associant le thème de la connaissance de soi aux lois transgénérationnelles Sophocle nous amène au cœur de la psyché, où s'opère la métamorphose d'Œdipe et où loge le sujet capable de réécrire sa préhistoire. Ainsi comprise, l'œuvre de Sophocle s'entend comme une invitation à suivre Œdipe jusqu'à Colone pour renouer avec le sujet en nous-mêmes.

Annexe

Résumé d'*Œdipe-roi*

Alors qu'Œdipe est roi de Thèbes, des citoyens se sont rassemblés devant son palais pour lui demander son aide. Ils sont victimes d'une épidémie de peste qui décime le royaume et rend stériles aussi bien les récoltes que les animaux et les femmes. Œdipe répond qu'il souffre lui aussi d'une telle situation et qu'il entend bien y remédier. Il a déjà envoyé Créon, le frère de sa femme Jocaste, consulter l'oracle à ce sujet.

À son retour, Créon répète les paroles de l'oracle : la peste provient du meurtre non élucidé de l'ancien roi de Thèbes, Laïos. Œdipe s'engage alors à faire toute la lumière sur cet événement et décide de mener une enquête pour découvrir et punir les coupables. À cet effet, il convoque Tirésias, un devin qui, bien qu'aveugle, possède la faculté de clairvoyance. Interrogé, ce dernier refuse de dire ce qu'il sait, prétextant que cela pourrait générer une nouvelle tragédie. En colère, Œdipe menace Tirésias et le force à parler. À contrecœur, le devin cède et révèle qu'Œdipe est lui-même le coupable qu'il recherche. Il précise que le coupable est en même temps frère et père de ses enfants, fils et époux de la femme qui l'a mis au monde...

Loin de pouvoir assimiler une telle révélation, Œdipe soupçonne Tirésias et Créon de comploter contre lui pour lui ravir son trône. Jocaste tente d'apaiser la querelle naissante et banalise les propos de Tirésias : « Personne ne saurait, sans risquer de se tromper, interpréter correctement les oracles. » La preuve en est, poursuit-elle, qu'une prédiction annonçait que Laïos devait mourir de la main de son fils, alors que, selon les dires d'un serviteur rescapé, Laïos fut assassiné par des brigands, au croisement des chemins de Delphes et de Daulis.

Mais les arguments de Jocaste ne calment pas Œdipe. Il se souvient d'un épisode ancien, quand lors d'une fête, un ivrogne avait prétendu qu'il était un enfant trouvé. L'annonce avait de quoi surprendre Œdipe, toujours traité et considéré comme le fils de Polybe et Mérope, roi et reine de Corinthe. Même si ces derniers nient ces allégations, angoissé et victime de cauchemars, Œdipe part interroger l'oracle. Ce dernier, au lieu de répondre, lui prédit qu'il épousera sa mère, engendrera une descendance maudite et tuera son père. Pour éviter que ne s'accomplisse ce tragique destin, Œdipe, épouvanté, au lieu de retourner à Corinthe vers ceux qu'il considère comme ses parents, prend la direction de Thèbes. En chemin, un homme le provoque à un carrefour pour lui disputer la priorité. Dans la bagarre qui s'ensuit, Œdipe tue son agresseur et plusieurs personnes de sa suite, alors qu'un serviteur prend la fuite.

Pour faire toute la lumière sur cette affaire, Œdipe ordonne que l'on retrouve le serviteur rescapé qui avait vu les brigands tuer Laïos. Mais voici qu'arrive un messager en provenance de Corinthe. Il annonce la disparition du roi Polybe, mort de maladie et de vieillesse. Cette nouvelle soulage Œdipe qui pense ainsi avoir échappé à la prédiction : il ne tuerait donc pas son père. Le messager précise alors que cette inquiétude n'était pas fondée, Polybe n'étant pas son père biologique. Lui-même avait reçu Œdipe lorsqu'il était bébé, des mains d'un berger de la maison de Laïos, alors qu'il se trouvait sur le Mont Cithéron. Au lieu d'abandonner le nourrisson aux bêtes sauvages, pendu par les pieds comme l'avait ordonné le roi Laïos, ce berger, pris de pitié, avait préféré le donner à un étranger. Le nouveau-né ayant été ramené à Corinthe, Polybe et Mérope qui souffraient de stérilité avaient décidé de l'adopter et lui avaient donné le nom d'Œdipe en raison de ses pieds enflés.

À la suite de ces révélations, soucieuse, Jocaste demande à Œdipe de ne pas poursuivre ses recherches. Mais Œdipe est déterminé à connaître la vérité. Puisqu'il est né à Thèbes, il souhaite connaître l'identité de ses parents, dans l'espoir de savoir s'il est ou non d'une noble souche. Comment expliquer, sinon, le fait que Jocaste lui demande d'arrêter là son enquête, autrement qu'en supposant qu'elle puisse rougir de l'éventualité d'une humble origine ? Œdipe poursuivra son enquête, convaincu de toute façon qu'il est « fils de la Fortune généreuse », n'en concevant lui-même aucune honte.

Or, voici que l'on amène le serviteur qui prétendait que Laïos avait été assassiné par des brigands. Aussitôt, le messager de Corinthe reconnaît en lui l'homme rencontré sur le Mont Cithéron, celui-là même qui lui confia Œdipe. Forcé à parler, le vieux serviteur avoue que ce bébé n'était autre que le fils de Laïos et de Jocaste. À cause de la prédiction affirmant qu'Œdipe tuerait ses parents, ces derniers l'avaient condamné à périr sur le Mont Cithéron. Mais il n'avait pas pu se résoudre à obéir à l'ordre de Laïos et avait préféré confier l'enfant au messager venu de Corinthe.

En découvrant sa véritable histoire, Œdipe réalise que, malgré lui, il a bel et bien commis le parricide et l'inceste comme l'oracle l'avait prédit. Déjà en état de choc à cause de cette révélation, voilà qu'on lui annonce que Jocaste vient de se pendre dans sa chambre. Œdipe s'y précipite et là, fou de douleur, il se crève les yeux avec les broches qui retenaient les vêtements de celle qui fut à la fois sa mère et son épouse.

Dans l'égarement qui est le sien, Œdipe demande à être exilé et abandonné à son maudit sort. Mais Créon choisit de s'en remettre à l'oracle afin de savoir ce qu'il convient de faire.

Résumé d'Œdipe à Colone

Sur la route de l'exil, accompagné par sa fille Antigone, Œdipe est fatigué lorsqu'il arrive à Colone. À peine s'est-il assis qu'un habitant de la région lui demande de quitter cet endroit, car c'est un lieu sacré, interdit à toute présence humaine. Mais cette annonce réjouit Œdipe parce qu'elle signifie qu'il est enfin arrivé au terme de son douloureux exil. Œdipe confie alors à sa fille que l'oracle lui avait également prédit qu'il trouverait l'hospitalité dans ce lieu sacré, celui des Déesses Redoutables et que s'il s'y fixait, il deviendrait un bienfaiteur pour ceux qui l'y accueilleraient.

Œdipe demande que l'on informe Thésée, roi de cette contrée, du fait qu'en échange d'un petit bienfait il pourrait recevoir un grand profit. En attendant l'arrivée de Thésée, les sages de Colone s'emploient à vouloir chasser Œdipe afin d'éviter qu'il ne souille de sa présence ce lieu sacré. Mais voici qu'arrive Ismène, la deuxième fille d'Œdipe. Elle annonce une prochaine guerre entre ses deux frères, Polynice et Étéocle, lesquels se disputent le trône de Thèbes. Elle ajoute que les Thébains tenteront de s'emparer d'Œdipe puisqu'un nouvel oracle prédit que le sort sera favorable à ceux qui posséderont sa personne ou sa dépouille. Ismène précise encore que si les Thébains tentent de disposer de lui pour les prévenir des pires augures, ils n'accepteront pas pour autant qu'il revienne sur sa terre natale. Ils prévoient simplement de le garder près de la frontière. Averti des véritables intentions des Thébains, Œdipe maudit ses fils, lesquels, une fois de plus, préfèrent la couronne de Thèbes au bien-être de leur père. Il se plaint de la conduite de ses fils. Ceux-ci refusèrent de l'exiler lorsqu'il le demandait et plus tard, une fois la douleur diminuée, ils n'avaient pas pris sa défense lorsqu'il fut condamné à l'exil alors qu'il eût préféré un autre sort.

Mais voici que Thésée arrive pour rencontrer Œdipe. Après avoir échangé avec lui quelques paroles de respect mutuel, Thésée déclare qu'il sait bien, pour l'avoir également vécu, ce que signifie vivre en exil ; en tant que simple mortel, il ne saurait, pas plus qu'Œdipe, disposer des lendemains. Il accède donc à la demande d'hospitalité d'Œdipe et l'assure de sa protection. Soulagé, Œdipe déclare qu'avant de disparaître, il confiera à Thésée un secret qui le maintiendra, lui et ses sujets, à l'abri du besoin.

Créon fait alors son apparition et propose à Œdipe de le suivre pour retourner à Thèbes. Mais, grâce à l'avertissement d'Ismène, Œdipe ne se laisse pas berner. Il accuse Créon de chercher à l'abuser au moyen de belles paroles. Laissant apparaître son vrai visage, Créon lui annonce qu'il a déjà fait enlever Ismène et ordonne maintenant à ses gardes d'enlever Antigone, non sans provoquer la protestation des habitants de Colone. Emporté par la colère, Créon menace maintenant de se saisir d'Œdipe. Il se justifie en accusant Œdipe d'être un criminel. Ce dernier lui répond qu'il est innocent des crimes dont on l'accuse, qu'il est victime de ce que les dieux avaient décidé pour lui avant même sa naissance. Quant au reproche qui lui est fait d'avoir épousé Jocaste, Œdipe reconnaît que ce fut une union illégale, mais il précise qu'elle eut lieu malgré lui puisqu'il ignorait tout de sa naissance. Sur sa lancée, c'est lui maintenant qui reproche à Créon d'être sans conscience en lui rappelant d'une part la cause de toutes ses souffrances, et en continuant à l'outrager d'autre part, alors qu'il est innocent. Après avoir assisté à cette confrontation, Thésée, fidèle à sa promesse, engage une bataille contre les ravisseurs et ramène ses filles au vieil Œdipe.

Polynice, ensuite, demande à rencontrer son père. Il le supplie de l'aider dans la lutte qui l'oppose à son frère quant à la possession du trône de Thèbes. Mais Œdipe explique qu'il est dorénavant devenu un autre et que ses fils ne sont plus ses fils.

Il ne saurait lever la malédiction qui pèse sur eux ni infléchir un destin dont ils ont eux-mêmes décidé.

On entend alors un grand vacarme : c'est la foudre de Zeus qui appelle Œdipe à son dernier rendez-vous. Il fait chercher Thésée afin que ce dernier l'accompagne vers cet ultime épisode de sa vie. Œdipe répète à son hôte qu'il va lui léguer un secret qui garantira sa prospérité. Il insiste cependant sur le fait que pour jouir de ce bonheur, il ne devra pas oublier le nom d'Œdipe.

Un messager, qui avait accompagné les deux hommes à bonne distance, relate à Ismène et à Antigone le spectacle qu'il lui fut donné de voir. Le tonnerre du dieu appelait Œdipe alors que Thésée se couvrait les yeux, comme ébloui par la présence divine. Œdipe serait mort de façon mystérieuse, enlevé par les dieux ou englouti par la terre. Quoi qu'il en soit, lorsqu'il revient vers Antigone et Ismène, Thésée annonce qu'elles peuvent cesser de se lamenter puisque la paix avec les morts est maintenant garantie. Avant de disparaître, Œdipe aura tenu sa promesse et transmis à Thésée le secret qui garantira la prospérité de son royaume.

Glossaire

Aliénation – *Style nirvâna* – *Persona* - de l'*ipsé* et de l'*ipséité*

Aliénation

Le verbe « aliéner »[242] apparaît en droit (1265) comme emprunt au latin *alienare*, « rendre autre » ou « rendre étranger », dérivé de *alienus*, « autre », lui-même de *alius* (ailleurs, alias, alibi). Après l'ancien provençal *aliénât*, « aliéner » se spécialise au XIIIe siècle, avec la valeur de « rendre fou quelqu'un ». D'où « aliéné » qui se répand au XIVe siècle pour remplacer « fou » dans la langue institutionnelle.

Le mot « aliénation » se spécialise en 1811 au sens de « folie ». Au XXe siècle, le mot aliénation (puis aliéner, aliénant en 1943, chez Sartre) a connu une nouvelle carrière, étant choisi pour traduire l'allemand *Entfremdung*, importante notion philosophique chez Hegel, puis Marx, « état ou l'être humain est comme détaché de lui-même, détourné de sa conscience véritable par les conditions socio-économiques ». Le succès du concept amène l'emploi du mot et de certains dérivés (aliénant, aliénateur) dans un sens plus vague : « perte par l'être humain de son authenticité », réunissant le thème cher au XVIIIe siècle des méfaits de la vie en société.

---

242 D'après le dictionnaire historique de la langue française, *Le Robert*, Paris, p. 45.

Le style nirvâna

Le *style nirvâna*[243] rend compte de certaines conduites qui traduisent en actes les héritages transgénérationnels inconscients qui l'aliènent. Il s'agit aussi d'une tentative de retourner la problématique aux personnes qui en sont à l'origine, aux parents, à une collectivité. Le *style nirvâna* se dépoile dans un espace interindividuel, pluriel, qui est aussi celui par lequel les héritages transgénérationnels se transmettent. De manière générale, j'entends par *style nirvâna*, des comportements induits par un manque d'intégration, mis en acte spontanément par les enfants aliénés par leurs héritages transgénérationnels. Les conduites qui relèvent du *style nirvâna* sont à symboliser, elles sont un langage auquel il manque les mots, elles parlent de certains vécus dont la symbolisation s'est dégradée au point de ne plus posséder d'autre langue que celle d'une mise en scène.

Le recours au *style nirvâna* témoigne de l'impasse dans laquelle se trouve une personne dans ses relations avec une ou plusieurs autres personnes porteuses d'un manque d'intégration. Avec des conduites apparemment sans significations, parfois banales, le *style nirvâna* parle de ce qui est refoulé ou dénié chez l'autre. Ces mises en scène peuvent aboutir à de véritables passages à l'acte. Le manque de transmission symbolique est ici rendu responsable de l'action de l'enfant. Le mythe d'Œdipe ne parle que de cela. Secrets, non-dits, événements honteux, impensables, drames affectifs, ou encore manque de dialogue, sont autant de facteurs qui participent à ces carences de transmission symbolique, dont nous savons l'influence dramatique sur les générations suivantes.

---

[243] Extraits de L'intégration transgénérationnelle : aliénation et connaissance de soi, Écodition, 2012, Genève.

De manière générale, lorsqu'un sujet exprime un complexe non intégré par autrui, c'est qu'il répond à ce « principe de Nirvâna » qui consiste à privilégier la relation interindividuelle au détriment de sa propre individualisation. C'est là un principe de réduction de l'excitation dont il faut généraliser l'application, jusque-là restreinte à la sphère intrapsychique, vers celle du lien interindividuel.

La Persona[244]

Étymologiquement, le mot « persona » signifie un masque de théâtre, ainsi que le « rôle attribué à un masque ». Le masque cultive la différence entre les apparences et une réalité plus profonde, celle du sujet. Il sépare non seulement l'impersonnel de l'authentique, mais travestit également la manifestation du vivant, c'est-à-dire les mouvements du visage, pour substituer à celui-là une apparence fixe, un temps arrêté, comme mort. L'acteur sur une scène de théâtre sait qu'il est un autre, les spectateurs s'en doutent aussi. La définition même du mot *Persona* révèle cet écart comme pour mieux nous rappeler que seul le sujet compte vraiment.

Carl Gustav Jung[245] avait déjà trouvé avec sa référence à la *Persona* une manière de rendre compte de l'influence de la « psyché collective » sur tout un chacun. Il a présenté la *Persona* comme une sorte de greffe ajoutée au soi authentique, significative d'une construction superficielle du moi ou faux-self. Mais, au lieu de la faire dériver d'un inconscient collectif, je l'analyse de manière plus générale en termes d'adjonction d'un psychisme impersonnel et d'aliénation. Cette nuance rend compte du développement d'une *Persona* non seulement à

---

244 Extraits de L'intégration transgénérationnelle : aliénation et connaissance de soi, Écodition, 2012, Genève.
245 Carl Gustav Jung, *Dialectique du Moi et de l'inconscient*, 1964, Éditions Gallimard, Paris.

travers l'influence d'une culture, mais également à l'aide d'une influence plus spécifiquement familiale (transgénérationnelle), et même à partir du cadre restreint d'une relation à deux. Cette dyade soi/impersonnel couvre en effet l'ensemble des possibilités de transfert ainsi que son fonctionnement le plus intime.

De l'*ipsé* et de l'*ipséité*

L'*ipsé* reprend un mot latin[246] signifiant « même, en personne ; lui-même, elle-même » et par extension « en soi, par soi, de soi-même », formé de *i(s)*-nominatif (adjectif, pronom de renvoi) et de la particule de renforcement - pse. *Ipse* avait abouti en ancien français à *eps*, « même ». Le mot est quelquefois employé en français pour désigner l'être pensant en tant que lui-même. *Ipséité,* extrêmement rare avant son réemploi en phénoménologie (1943, Sartre), désigne le caractère de l'être conscient, qui est lui-même, réductible à nul autre.

Pour Binswanger[247], l'*Ipsé* envoie au « problème anthropologique fondamental de se *chercher soi-même* avec Héraclite, de *retourner en soi-même* avec Saint Augustin.»

---

[246] Selon le dictionnaire historique de la langue française, *Le Robert.*
[247] Ludwig Binswanger (1970), *Analyse existentielle et psychanalyse freudienne*, Gallimard, Paris, pp. 227-228.

Bibliographie

ABRAHAM Karl (1965), « Amenhotep IV (Echnaton). Contribution psychanalytique à l'étude de sa personnalité et du culte monothéiste d'Aton », dans *Psychanalyse et culture*, Payot, Paris.

ABRAHAM Nicolas et Torok Maria (1987), *L'Écorce et le noyau*, Flammarion, Paris.

ABRAHAM Nicolas (1987), *Rythmes, de la philosophie, de la psychanalyse, de la poésie*, Flammarion, Paris.

ANDRE Serge, *La signification de la pédophilie*, Conférence à Lausanne le 8 juin 1999, publié sur oedipe.org.

ANZIEU Didier (1980), « Œdipe avant le complexe », dans *Psychanalyse et culture grecque*, Les Belles Lettres, Paris.

ASSAAD Fawzia (1986), *Les Préfigurations Egyptiennes dans la Pensée de Nietzsche*, L'Age d'Homme, Paris.

ASSAAD Fawzia (1997), « Freud et les mythes égyptiens », dans *Mythes et psychanalyse*, Cerisy, IN PRESS, Paris.

ASSOUN Paul-Laurent (1993), *Freud et les sciences sociales*, Armand Colin, Paris.

AUSLOOS Guy (1980), « Œdipe et sa famille, les secrets sont faits pour être agis », *Dialogue* no.70, Éres, Paris.

BARBIER René (1995) *L'autorisation noétique ou le devenir du sujet dans la philosophie de l'éducation de J. Krishnamurti*, Communication au Congrès de l'Association Francophone Internationale de Recherche Scientifique en Education, Université Catholique de l'Ouest, Angers.

BAUCHAU Henri (1990), *Œdipe sur la route*, Actes Sud, Arles.

BAYLE Gérard (1993) « Le poison du secret, le poignard de la vérité », dans *Revue Française de Psychanalyse*. Tome LVII avril-juin, PUF, pp. 354-355.

BERGERET Jean (1996), *La violence fondamentale*, Dunod, Paris.

BETTELHEIM Bruno, *Psychanalyse des contes de fées*, Robert Laffont, 1976, Paris.

BINSWANGER Ludwig (1970), *Analyse existentielle et psychanalyse freudienne*, Gallimard, Paris.

BOLLACK Jean (1995), *La naissance d'Œdipe*, traduction et commentaires d'*Œdipe roi*, Gallimard, Paris.

BONNARD André (1954), *Civilisation grecque*, tome II, La Guilde du livre, Lausanne.

BRACONNIER Alain (2005), *Mère et fils*, Odile Jacob, Paris

CALLASSO Roberto (1991), *Les noces de Cadmos*, Gallimard, Paris.

CAMPBELL Joseph (1993), *Les mythes à travers les âges*, Le Jour, Paris.

CASSIRER Ernst (1995), *Écrits sur l'art*, Les édition du Cerf, Paris.

CASSIRER Ernst (1972), *La philosophie des formes symboliques*, tome 3, La phénoménologie de la connaissance, Les Éditions de Minuit, Paris.

CHUVIN Pierre (1989), « De Sophocle à Freud », L'histoire, no. 132, Paris.

CIFALI Mario (2002), *Freud face au juge fou*, Eshel, Paris.

CIFALI Mario (2005), *Le meurtre de Moïse*, Slatkine, Genève.

CONRAD Stein (1981), « Œdipe-roi selon Freud », préface à *Œdipe ou la légende du conquérant*, de Marie Delcourt, Les Belles Lettres, Paris, p. VII.

CONSTANS Léopold (1881), *La légende d'Œdipe*, Slatkine Reprint, 1974, Genève.

COSNIER Jacques (1998), *Le retour de Psyché, critique des nouveaux fondements de la psychologie*, Desclée de Brouwer, Paris.

JONES Ernest (1958), *La vie et l'œuvre de Sigmund Freud*, PUF, Paris.

DELCOURT Marie (1938), *Stérilités mystérieuses et naissances maléfiques*, Librairie E. Droz, Paris.

DELCOURT Marie (1981), *Œdipe ou la légende du conquérant*, Les Belles Lettres, Paris.

DELEUZE Gilles et GUATTARI Félix (1972/1973) *L'anti-Œdipe*, Les Éditions de Minuits, Paris.

DELRIEU Alain (1993), *Lévi-Strauss lecteur de Freud*, Point Hors Ligne, Paris.

DEMOULIN Christian (2002), « L'Œdipe rêve de Freud », dans *Psychoanalytische Perspectiven*, 20, 3, Ghent University, Belgique.

LA BIBLE, 1605, De l'imprimerie de Matthieu Berjon, Genève.

DEVEREUX Georges, (1963), « Sociopolitical functions of the Œdipus myth in early Greece », *Psychoanal. Q.*, 32 : pp. 132-141.

DEVEREUX Georges, (1977), *Essais d'éthnopsychiatrie générale*, Gallimard, Paris.

DEVEREUX Georges (1982), *Femme et mythe*, Flammarion, Paris.

DIODORE De Sicile, *Tome I*, 1865, Hachette, Paris.

DRACOULIDÈS Nicolas, (1952), *Psychanalyse de l'artiste et de son œuvre d'art*, Mont-Blanc, Genève.

DUBAL Georges, (1999), « Psychanalyse de dieu » dans *Le Bloc-Notes de la psychanalyse*, no, 16, La culpabilité de dieu, Georg, Genève.

DUBAL Georges (1947), *Psychanalyse et connaissance*, Mont-Blanc, Genève.

DUMAS Didier (2000), *Et l'enfant créa le père*, Hachette, Paris.

DUMAS Didier (2001), *La bible et ses fantômes*, Desclée de Brouwer, Paris.

ELIADE Mircea (1959), *Naissances mystiques*, Gallimard, Paris.

ELIADE Mircea (1969), *Le mythe de l'éternel retour*, Gallimard, Paris.

ÉNEL Thierry (1947), *Les origines de la Genèse et l'enseignement des temples de l'ancienne Égypte*, G.-P. Maisonneuve & Larose, Paris.

EURIPIDE, *Les Phéniciennes*, Les Belles Lettres, 1973, Paris.

EURIPIDE, *Les Phéniciennes*, L'Harmattan, 2004, Paris,

EURIPIDE, *Les Bacchantes*, (introduction et traduction par Jeanne Roux), Les Belles Lettres, 1970, Paris.

EURIPIDE, *Les Bacchantes*, (traduction de Mario Meunier), Payot, 1923, Paris.

FAIMBERG Haydée, « La mythe d'Œdipe revisité », dans *Transmission de la vie psychique entre générations*, sous la direction de R. Kaës, Dunod, Paris.

FERENCZI Sandor (1986), *Œuvres complètes*, tome I, Payot, Paris.

FERENCZI Sandor (1982), *Psychanalyse 4, Œuvres complètes, tome IV 1927-1933*, trad. Le Coq Héron, Paris.

FREUD Sigmund (1900), *L'interprétation des rêves*, PUF, 1967, Paris.

FREUD Sigmund (1905), *Trois essais sur la théorie de la sexualité*, Gallimard, 1962, Paris.

FREUD Sigmund (1914), « Le Moïse de Michel-Ange », dans *L'inquiétante étrangeté*, Gallimard, 1985, Paris.

FREUD Sigmund (1923) « Le moi et le ça » dans *Essais de psychanalyse*, Payot, Paris.

FREUD Sigmund (1923), *Totem et tabou*, 1965, Payot, Paris.

FREUD Sigmund (1931), « L'expertise de la Faculté au procès Halsmann » dans *Résultats, idées, problèmes II*, 1985, PUF, Paris.

FREUD Sigmund (1938), *Abrégé de psychanalyse*, PUF, 1950, Paris.

FREUD Sigmund (1941), *Délires et rêves dans la « Gradiva » de Jensen*, Gallimard, 1949, Paris.

FREUD Sigmund (1956), *La naissance de la psychanalyse*, PUF, 1996, Paris.

FREUD Sigmund (1977), *La vie sexuelle*, PUF, Paris.

FREUD Sigmund (1979), *Malaise dans la Civilisation*, PUF, Paris.

FREUD Sigmund (1917), *Conférences d'introduction à la psychanalyse*, Gallimard, 1999, Paris.

FREUD Sigmund, *Gesammelt Schriften*, XII, 7, I.P.V.

FREUD Sigmund, *L'homme Moïse et la religion monothéiste*, Gallimard, 1986, Paris.

FREUD Sigmund (1923), *Essais de psychanalyse*, Payot, 1981, Paris.

FREUD Sigmund (1985), « Un trouble de mémoire sur l'Acropole, lettre à Romain Rolland », dans *Résultats, idées problèmes*, 1936, PUF, Paris.

FREUD Sigmund, *Cinq leçons sur la psychanalyse*,

FROMM Erich (1951), *Le langage oublié, introduction à la compréhension des rêves, des contes et des mythes*, Payot, 2002, Paris.

GAILLARD Thierry (2020), « La notion d'inceste castré dans Freud face au juge fou de Mario Cifali », dans *Analyses et perspectives*, Génésis éditions, Genève.

GAILLARD Thierry (2020), *Sophocle thérapeute, la guérison d'Œdipe à Colone*, Génésis Éditions (2020, 4ème édition), Genève.

GAILLARD Thierry (2020), *Intégrer ses héritages transgénérationnels*, Génésis Éditions (2020, 6ème édition), Genève.

GAILLARD Thierry (2020), *À propos de la métamorphose d'Œdipe en héros de Colone*, Génésis Éditions, Genève.

GAILLARD Thierry (2020), *L'intégration transgénérationnelle*, ces histoires qui hantent le présent, Génésis Éditions (2020, 4ème édition), Genève.

GARY, Romain (1960), *La promesse de l'aube*, Folio, Paris.

GIDE André (1946), *Thésée*, Gallimard, Paris.

GIOVANNANGELI Dominique (2002), *Métamorphoses d'Œdipe*, De Boeck Université, Paris, Bruxelles.

GNIRS Andréa Maria (2004), « La XVIIIe dynastie : ombres et lumières d'une époque internationale » dans *Toutankhamon, l'or de l'au-delà, trésors funéraires de la vallée des rois*, édité par André Wiese et Andreas Brodbeck, Antikenmuseum Basel und Sammlung Ludwig, Bâle.

GOETHE, W., *Poésie et vérité*, trad. de Pierre du Colombier, Aubier, 1941, Paris.

GOLVIN Jean-Claude, « Sphinx », dans *Le dictionnaire de l'ésotérisme*, sous la direction de Jean Servier, PUF, 2013, Paris.

GOUX Jean-Joseph (1990), *Œdipe Philosophe*, Aubier, Paris.

GRIMBERT Philippe (2004), *Un secret*, Grasset & Fasquelle, Paris.

GRODDECK Georg (1969), *La maladie, l'art et le symbole*, Gallimard, Paris.

GRODDECK Georg (1984), *Psychanalyste de l'imaginaire*, Payot, Paris.

GUTHRIE William (1956), *Orphée et la religion Grecque*, Payot, Paris.

GUYOMARD Patrick (1992), *La jouissance du tragique*, Aubier, Paris.

HACHET Pascal (2000), *Cryptes et Fantômes en psychanalyse*, L'Harmattan, Paris.

HEIDEGGER Martin (1927), *Être et Temps*, Gallimard, 1986, Paris.

HEIDEGGER Martin « Identité et différence » dans *Questions I*, Gallimard, 1968, Paris.

HUMBERT Jean (1847), *Mythologie grecque et romaine*, B. Duprat, Paris.

JARDIN Alexandre (2011), *Des gens très bien*, Grasset, Paris.

JUFFÉ Michel (1999), *La tragédie en héritage*, Eshel, Paris.

JUNG Carl Gustav (1964), *Dialectique du Moi et de l'inconscient*, Gallimard, Paris.

JUNG Carl Gustave (1966), *Ma vie*, Gallimard, Paris.

KAËS René (2001), *Transmission de la vie psychique entre générations*, Dunod, Paris.

KRANZER M. (1964), « On interpreting the Œdipus plays», *Psychanal. Study Soc.*, 3 : 26-38.

LACAN Jacques (1966), *Écrits*, Seuil, Paris.

LACAN Jacques (1960), *L'éthique de la psychanalyse*, Seuil, Paris.

LACAN Jacques (1991), *L'envers de la psychanalyse*, Le Séminaire, XVII, Seuil, Paris.

LORAUX Nicole (1990), *Les mères en deuil*, La librairie du XXè siècle, Seuil, Paris.

MAGOS Vincent (2005), *Laïos*, Les Impressions Nouvelles, Paris-Bruxelles.

MABILLE Pierre, préface à l'édition de 1947 d'*Alice aux pays des Merveilles* de Lewis Carroll, Edition Stock.

MAJOR René (1999), *Au commencement*, Galilée, Paris.

MASSON Jeffrey M, (1984), *Le réel escamoté*, Aubier, Paris.

MASSON Jeffrey M. (1985), *The complete letters of Sigmund Freud to Wilhelm Fliess*, Harvard University Press, Cambridge.

MÉAUTIS, Georges (1957), *Sophocle, essai sur le héros tragique*, Albin Michel, Paris.

MEMMI Germaine (1996), *Freud et la création littéraire*, L'Harmattan, Paris.

MOREL Denise (2015), *Les ressources créatives des familles d'artistes*, Écodition, Genève.

NACHIN Claude (1999), *À l'aide, y a un secret dans le placard !*, Edition Fleurus, Paris.

NICOLAÏDIS Nicos (1980), « Œdipe : le message de la différence », dans *Psychanalyse et culture grecque*, Les Belles Lettres, Paris.

NIETZSCHE Friedrich (1882), *Le Gai Savoir*, Flammarion, 1997, Paris.

NOTZ Christian (2005), *Psychanalyse de l'État et de la mondialisation*, Publibook, Paris.

PELLETIER Robert (2002), « D'analyste à analysant : le silence du travail de la mort ! » Le Coq-Héron, no 169, Transmission et secret, Érès, Paris.

RAND Nicholas (2001) « Psychanalyse et littérature », dans *La psychanalyse avec Nicolas Abraham et Maria Torok,* Érès, Ramonville Saint-Agne.

RAND Nicholas (2000), « Invention poétique et psychanalyse du secret dans *le fantôme d'Hamlet* de Nicolas Abraham » dans *Le psychisme à l'épreuve des générations, clinique du fantôme*, sous la direction de Serge Tisseron, Dunod, Paris

RAND Nicholas, (2001), *Quelle psychanalyse pour demain ?* Érès, Ramonville Saint-Agne.

RANK Otto (1996), « Inceste et créativité littéraire », dans *L'inceste : un siècle d'interprétations*, sous la direction de J.-P. Bronckard, Delachaux et Niestlé, Lausanne-Paris.

RAPHAEL-LEFF Joan, (1990), « If Oedipus was an Egyptian », *Int. Rev. Psycho-Anal*, 17, Londres.

REFABERT, MÉLÈSE, DUBARRY, GARNER, (1997), *Les travaux d'Œdipe*, l'Harmattan, Paris.

RÉFABERT Philippe (2001) *De Freud à Kafka*, Calmann-Levy, Paris.

RODHE Erwin (1928), *Psyché, le culte de l'âme chez les Grecs et leur croyance à l'immortalité*, Payot, Paris.

ROSS John Munder (1982), « Œdipus revisited, Laïus and the "Laïus complex" », *Psychoanalytic Studies of the Child*, vol. 37.

ROUCHY Jean-Claude (sous la dir. de), (2001), *La psychanalyse avec Nicolas Abraham et Maria Torok*, Editions Érès, Paris.

ROUDINESCO Elisabeth et PLON Michel (1997), *Dictionnaire de la psychanalyse*, Fayard, Paris.

ROUSSEAU-DUJARDIN Jacqueline (1995), « Distribution des rôles », dans *Le Bloc-Notes de la psychanalyse,* no 13, Le père, Georg, Paris-Genève.

SCARZO Fabrizio (1995), « De l'impair à l'authent-Ich », dans *Le Bloc-Notes de la Psychanalyse,* no. 13, Le père, Georg, Genève.

SCHNEIDER Monique (1985), *« Père, ne vois-tu pas ? »*, Denoël, Paris.

SCHNEIDER Monique (1985), « Temporalité, inconscient et répétition », dans *Mythes et représentations du temps*, Edition du CNRS, Paris.

SCHNEIDER Monique (1988), « Le mythe, fétiche ou matrice ? La rencontre de Freud avec Œdipe », dans *Art, Mythe et Création*, Le Hameau, Paris.

SCHÜTZENBERGER Anne Ancelin (1998), *Aïe, mes aïeux !*, Desclée de Brouwer, Paris.

SCHWAB Emmanuel (2011), *Croire avec Freud ?* Labor & Fides, Genève.

SLOTERDIJK Peter (2018), *Après nous le déluge, Les Temps modernes comme expérience antigénéalogique*, Payot, Paris.

SOPHOCLE, *Tragédies*, Gallimard, 1973, Paris.

SOPHOCLE, *Théâtre complet*, (traduit par Robert Pignarre), 1964, Garnier-Flammarion, Paris.

SOUZENELLE Annick de (1991), *Le symbolisme du corps humain*, Albin Michel, Paris.

SOUZENELLE Annick de (1998, *Œdipe intérieur*, Albin Michel, Paris.

STEIN Conrad (1981), « Œdipe-roi selon Freud », préface à *Œdipe ou la légende du conquérant*, de Marie Delcourt, Les Belles Lettres, Paris.

STERN Thomas (1981), *Thésée ou la puissance du spectre*, Seghers, Paris.

TISSERON Serge (sous la dir. de), (1995), Le psychisme à l'épreuve des générations : clinique du fantôme, Dunod, Paris.

VELIKOVSKY Immanuel (1986), *Œdipe et Akhenaton*, Robert Laffont, Paris.

VERDIGLIONE Armando (1983), *La liberté que je prends*, Gallimard, Paris.

VERNANT Jean-Pierre (1965), *Mythe et pensée chez les grecs*, Maspero, Paris.

VERNANT Jean-Pierre (1999), *L'univers, les dieux, les hommes,* Seuil, Paris.

VERNANT Jean-Pierre et VIDAL-NAQUET Pierre (1994), *Œdipe et ses mythes,* Complexe, Bruxelles.

VIAN Francis (1963), *Les origines de Thèbes, Cadmos et les Spartes*, Librairie C. Klincksieck, Paris.

YOYOTTE Jean (1959), *La Naissance du monde*, Sources orientales, t. I. Seuil, Paris.